ADOLPHE JULLIEN

FANTIN-LATOUR

SA VIE ET SES AMITIÉS

LETTRES INÉDITES ET SOUVENIRS PERSONNELS

AVEC CINQUANTE-TROIS REPRODUCTIONS
D'ŒUVRES DU MAITRE, TIRÉES A PART, SIX AUTOGRAPHES
ET VINGT-DEUX ILLUSTRATIONS DANS LE TEXTE

PARIS

LUCIEN LAVEUR, LIBRAIRE-ÉDITEUR

13, RUE DES SAINTS-PÈRES, 13

1909

FANTIN-LATOUR

SA VIE ET SES AMITIÉS

ADOLPHE JULLIEN

FANTIN-LATOUR

SA VIE ET SES AMITIÉS

LETTRES INÉDITES ET SOUVENIRS PERSONNELS

AVEC CINQUANTE-TROIS REPRODUCTIONS
D'ŒUVRES DU MAITRE, TIRÉES A PART, SIX AUTOGRAPHES
ET VINGT-DEUX ILLUSTRATIONS DANS LE TEXTE

PARIS

LUCIEN LAVEUR, LIBRAIRE-ÉDITEUR
13, RUE DES SAINTS-PÈRES, 13

1909

A

MADAME FANTIN-LATOUR

PRÉFACE

« Oui, j'admire et j'aime Fantin-Latour. Depuis quarante ans, il a été un des charmes de ma vie. Je n'ai jamais eu l'occasion de le lui dire. Je veux au moins le dire à vous et à vos lecteurs. C'est un admirable peintre, issu des meilleurs, des plus solides et des plus lumineux, des Hollandais et des Vénitiens : il tient d'eux ce bon savoir, sans lequel le sentiment n'est qu'un trouble inutile. Il a de beaux moyens d'art et une belle conscience. Il a le respect et l'amour de la vie. Ses portraits, ses groupes respirent une gravité douce, dans la calme lumière qui les baigne. Je ne sais rien de plus touchant que ces assemblées d'amis, qu'on trouve en grand nombre dans son œuvre. Les figures y vivent une vie à la fois familière et sublime. J'appellerais, volontiers, Fantin-Latour le maître de l'amitié[1]... »

C'est M. Anatole France qui, sans l'avoir connu le moins du monde, a su si bien lire au plus profond du cœur de l'homme, si clairement discerner la filiation du peintre et le rattacher à ses

---

1. Livraison des Maîtres Artistes consacrée à Fantin-Latour (28 février 1903).

*véritables ancêtres. En effet, si Fantin, descendant d'une famille
italienne, s'est apparenté par ses chefs-d'œuvre aux plus grands
peintres flamands, si mainte assemblée célèbre de syndics, d'éche-
vins et de marchands nous saute à la mémoire en face de ses
œuvres capitales, il n'en est pas moins vrai que d'autres maîtres,
loin des brumes des Flandres, sous le chaud soleil d'Italie, ont
également composé de ces groupements de personnages inactifs
ou peu s'en faut, réunis sur la toile par la seule volonté du
peintre, et que le* Retour de Chasseurs *de Giovanni da San Giovanni, ou la* Bambocciata *de Dosso Dossi, pour ne citer que ces
deux morceaux du Palais Pitti, font penser aux grandes toiles
de Fantin, tout autant que les* Syndics des Drapiers *ou les
Archers de Saint-Georges. Et s'il est pareillement exact, comme
l'a vite aperçu l'esprit aiguisé de M. Anatole France, que ce
digne héritier des grands peintres d'Amsterdam, de Haarlem
ou de Florence fut par excellence le peintre de l'amitié, n'ap-
partient-il pas à l'amitié de lui rendre une très faible partie de
ce qu'il a fait pour elle et de chercher, si maigrement que ce soit,
à s'acquitter sans retard envers lui?*

*En vertu de quelle loi secrète arrive-t-il donc que les événe-
ments les plus précis, les faits les plus formels, même ceux qui
datent d'hier à peine et dont les témoins n'ont pas tous disparu,
se déforment si vite en passant par la bouche des hommes ou la
plume des journalistes? Il n'était rien qui choquait davantage
Fantin-Latour, au courant de ses nombreuses lectures et pour tout
ce qui touchait à son art, que ce manque d'exactitude et cette
substitution du romanesque à la réalité. Avec sa mémoire incomparable, où tous les gens qu'il avait connus ou simplement entre-*

vous, tous les livres qu'il avait lus, tous les chefs-d'œuvre de la
littérature et des arts dont il faisait son régal habituel s'étaient
gravés d'une façon ineffaçable, il souffrait singulièrement dès
qu'il découvrait la moindre erreur de date ou de fait, que cette
erreur fût simplement l'effet d'une négligence accidentelle ou
qu'elle provînt, comme il arrive trop souvent, d'une déformation
réfléchie de la vérité, d'une histoire inventée à plaisir par quelque
écrivain trop pressé pour prendre le temps de s'instruire. Il pes-
tait alors contre ces individus, si peu respectueux de la vérité,
qui travestissaient les faits sans scrupule, et Dieu sait combien
de fois j'ai entendu sortir de sa bouche des apostrophes du genre
de celle-ci : « Mais vous, les journalistes, vous qui tenez une
plume, est-ce que vous ne devriez pas vous élever contre ces
inventions saugrenues, au lieu de les répandre et de répéter ingé-
nument les fables que certains d'entre vous n'arrêtent pas de
débiter? »

Sur les questions d'opinion, de doctrine, il était on ne peut
plus large, du moins en ce qui le concernait, car, loin de s'irriter des critiques suscitées par ses œuvres, il s'en accommodait
fort bien et les aurait presque provoquées, lui pourtant si irritable et si acerbe dès qu'on s'attaquait aux maîtres dont il avait
fait ses dieux dans la littérature et dans les arts. Mais qu'il
rencontrât un détail inexact, un renseignement erroné sur son
compte ou sur un point quelconque d'histoire que sa mémoire
infaillible lui permettait de contrôler sans nulle recherche, alors
il partait en guerre et fulminait contre les bavards et les faiseurs
de phrases creuses. Des faits exacts et dûment vérifiés, voilà ce
qu'il désirait trouver avant tout dans ses lectures, pour se former

ensuite une opinion lui-même au lieu d'en accepter une toute faite : « Il nous faut un beau livre, plein de documents sérieux », m'écrivait-il au moment où je travaillais à mon Hector Berlioz, frère cadet du Richard Wagner, qu'il se préparait également à illustrer.

Il me souvient encore du jour où, m'improvisant reporter, sans savoir où ni quand mon interview pourrait paraître, je lui demandai de fixer définitivement mes souvenirs sur les origines et les destinées des trois grandes toiles, sœurs aînées d'Autour du piano, qui forment avec celle-ci cette magistrale série de tableaux où « tant de beaux portraits, comme l'a dit un critique, raconteront plus tard, éloquemment, l'âme des intellectuels de la fin du XIXᵉ siècle ». Il me souvient de l'empressement qu'il mit à me répondre, de l'insistance avec laquelle il revenait sur certains détails, de la hâte qu'il avait de lire un article où plusieurs points qui lui tenaient au cœur seraient définitivement éclaircis... Je ne pus cependant pas lui procurer ce plaisir, car l'occasion de publier tous les renseignements que je lui devais sur ses groupes et portraits d'artistes et d'hommes de lettres ne s'offrit à moi qu'après qu'il eut disparu de ce monde, au moment où s'ouvrit l'Exposition de son œuvre à l'École des Beaux-Arts.

Lorsque l'idée me vint de l'interroger de la sorte, il s'agissait pour moi de contrôler, pour lui de rectifier et compléter ce que ma mémoire avait retenu de nos entretiens d'autrefois, et c'est de grand cœur qu'il s'y prêta. Mais quoique nous nous connussions déjà depuis longtemps et qu'il dût éprouver une satisfaction réelle à voir paraître un écrit de ce genre, il ne s'en était jamais ouvert à moi : bien mieux, c'est seulement après sa mort que j'appris qu'il attendait avec impatience la publication de ces lignes et que, sans m'en reparler, par derrière, il me reprochait, moitié riant, moitié chagrin, d'avoir oublié ce que je lui avais promis de faire. Hélas! non, je ne l'avais pas oublié — et c'est pour réparer ce qu'il pensait être négligence de ma part et ce qui n'était qu'un retard indépendant de ma volonté, c'est pour répondre à son grand amour de l'exactitude et de la vérité, que je publie aujourd'hui tous les souvenirs que j'ai pu recueillir de sa bouche avec ceux qui me sont personnels; que j'évoque aussi l'amateur passionné de musique qu'il était, en profitant largement des lettres inédites qui furent mises à ma disposition.

Mais comment avoir tant de lettres entre les mains, soit celles que Fantin adressait d'Angleterre à ses parents, soit celles qu'il envoyait de Paris à ses amis d'Angleterre, ou de sa campagne de Buré à ses amis de Paris, sans en tirer d'autres renseignements instructifs que ceux qui témoigneraient de son goût pour la musique? Comment ne pas y chercher surtout les manifestations de la pensée du peintre, les traces de la formation de son talent, les échos des luttes qu'il a soutenues, les explosions retentissantes de ses admirations et de ses antipathies, pour ne pas employer le gros mot de haines; comment ne pas y puiser en un mot les précieux éléments d'une ébauche de biographie complète, où l'homme revivrait à côté de l'artiste, celui-ci au milieu de ses œuvres, celui-là au milieu de ses amis? C'est ce qu'il était peut-être téméraire à moi d'entreprendre: c'est ce que j'ai pourtant essayé de faire, en laissant à d'autres, beaucoup plus qualifiés, le mérite et l'agrément d'écrire sur Fantin le grand travail d'ensemble, biographique et critique, auquel plus d'un écrivain d'art doit sûrement penser. Mais encore, au milieu de tant de notes, de lettres et de souvenirs, ai-je cru bon de pousser quand même au premier plan les tableaux dont M. Gustave Geffroy a dit qu'ils « constituaient le chapitre le plus important de la vie d'artiste de Fantin », c'est-à-dire ceux de ses groupes ou portraits qui sont en quelque sorte du domaine public, parce qu'ils représentent des gens dont le public peut désirer connaître les traits, ceux aussi sur lesquels le peintre, qui n'aimait pas les indiscrétions, pouvait le plus librement s'exprimer.

« Ce sont là, écrivait naguère un critique avisé[1], de véritables documents d'histoire et de pensée, des œuvres d'art très hautes qui seront recueillies par les musées de l'avenir, comme les tableaux des corporations de Rembrandt, de Franz Hals, avec cette différence qu'au lieu de l'effigie d'honnêtes et obscurs marchands, elles légueront celles d'artistes et de penseurs. » Des artistes et des penseurs, soit! je n'y contredis pas pour plusieurs de ces modèles; mais avant tout des camarades, des amis ou de simples connaissances du peintre. Et l'amitié de Fantin, pour beaucoup d'entre eux, ne constituera pas leur moindre titre à l'attention de la postérité.

1. L'Éclair, 15 mai 1892.

FANTIN-LATOUR

SA VIE ET SES AMITIÉS

CHAPITRE PREMIER

LA VIE ET LA CARRIÈRE DU PEINTRE

N'est-il pas singulier qu'un des peintres qui devaient faire le plus d'honneur à l'école française et qui, par les gens de tournure honnête et modeste qu'il aimait à peindre, par la simplicité des intérieurs où il plaçait ses modèles, semble avoir été — tous l'ont dit, les uns pour l'en louer, les autres pour l'en railler — le peintre par excellence de la classe moyenne et de la société bourgeoise, ait tenu, par ses origines, à la race italienne, à la race slave, et qu'il ait pu, un jour qu'on parlait beaux-arts, s'écrier sans trop d'invraisemblance : « Un sang trop mélangé coule dans mes veines pour que les questions d'école et de nationalité puissent beaucoup m'agiter?... »

Fantin descendait d'une nombreuse famille établie depuis des siècles dans le Briançonnais — elle avait dû venir autrefois d'Italie, car ce nom-là est sûrement d'origine italienne, et l'on peut voir à Venise, sur la petite place où s'élève le théâtre de la Fenice, une église de San Fantino, avec un chœur remarquable de Sansovino, — mais depuis longtemps déjà les diverses branches de cette famille avaient ajouté quelque surnom à leur nom patronymique, afin de se distinguer entre elles. Notre peintre appartenait à une branche dont presque tous les membres avaient été dans la robe ou la finance, à commencer par ce Jean Fantin, fils d'un notaire d'Arvieux et subdélégué à Briançon, qui avait, le premier, vers la fin du dix-septième siècle, pris le nom de Latour, en raison d'un domaine que sa femme lui avait apporté en dot, non loin de la ville.

Dans le fait, si Fantin se rattachait à travers les siècles à l'Italie, nul ne s'en serait douté, car, avec son visage légèrement aplati et son front bombé, il se rapprochait très sensiblement du type semi-asiatique et rien qu'à le voir, on aurait deviné qu'il tenait de près à la race slave; sa mère, en effet, était Russe : elle était née dans le duché de Podolie, s'appelait Mlle Hélène de Naïdenoff et était la fille adoptive de la comtesse Zoloff, née princesse Kourakine. C'est à Chambéry que le père de Fantin, Jean-Théodore, né à Metz en 1805, avait rencontré Mlle de Naïdenoff et l'avait épousée, au mois d'octobre 1834; ensuite, il était revenu à Grenoble, où son talent de peintre était fort apprécié; après avoir commencé de travailler à l'école de dessin de Grenoble, il s'était formé tout seul en faisant des copies au Louvre, dans la galerie italienne où l'on ne voyait vers 1830 que de rares élèves d'In-

grès), et là, dans une ville où on l'avait connu tout enfant, il
faisait de nombreux portraits et peignait des tableaux religieux
pour les églises ou les couvents. Il vivait ainsi tranquille du
produit de ses pinceaux, avec sa femme et non loin de son
père, Jean-François Fantin, ancien officier de l'Empire qui
avait servi dans la marine, puis dans l'armée de terre, avait
pris sa retraite comme lieutenant-colonel d'artillerie et donnait à ses amis le spectacle singulier d'un ardent légitimiste,
disciple enthousiaste de Rousseau, et d'un excellent officier,
ennemi déclaré de la guerre. Est-ce qu'on ne pourrait pas,
en raison de l'un ou l'autre de ces goûts, de cette sainte horreur de la guerre en particulier, trouver des affinités très
sensibles entre le grand-père et le petit-fils?

Voilà comment Fantin naquit à Grenoble, le 14 janvier
1836, au deuxième étage d'une maison de la cour de Chaul-
nes, où son père s'était installé tout de suite après avoir con-
tracté mariage. Il reçut les prénoms de Ignace-Henri-Jean-
Théodore : Théodore, parce que c'était le prénom de son
père ; Jean, parce que c'était celui de son grand-père ; Henri,
parce que son parrain, frère aîné de son père, s'appelait ainsi ;
Ignace, enfin, parce que ce parrain, qui était jésuite et
souhaitait que le nouveau-né entrât un jour dans les ordres,
avait tenu à le mettre sous la protection du fondateur de la
Compagnie : il marquait même une telle prédilection pour ce
prénom qu'il n'appela jamais son neveu autrement qu'Ignace,
alors que toute la famille l'appelait couramment Henri.

Si Fantin était né à Grenoble et s'il garda toujours pour
cette ville, sans jamais y retourner, une certaine tendresse

qui s'est traduite par des dons considérables au musée, il est
vrai de dire qu'il n'en avait aucun souvenir précis, non plus
que de la petite campagne de la Tronche où ses parents
allaient passer l'été, et le contraire eût été surprenant, car il
n'avait pas encore six ans lorsque son père, ayant perdu son
propre père, le colonel en retraite, et ayant vu sa famille
s'augmenter de deux filles : Marie et Nathalie, voyant d'autre
part diminuer les commandes de portraits et de tableaux de
sainteté, prit le parti de venir se fixer à Paris où il pensait que
la fortune lui sourirait davantage. Il alla se loger avec toute
sa smala, car il amenait avec lui non seulement sa femme et
ses trois enfants, mais aussi sa sœur et un de ses frères, au
nº 1 de la rue du Dragon, dans une vieille maison qui fait
encore le coin de cette rue et de l'ancienne rue Taranne. C'est
là que le petit Henri grandit et commença de s'instruire, étudiant mollement le latin sous la direction de son oncle Victor,
inquiet surtout de voir se dresser, au bout de ses études
latines, le séminaire où son oncle Henri rêvait de le faire
entrer, et s'essayant avec beaucoup plus de goût à manier le
crayon, comme il le voyait faire à son père, ayant même bientôt
une tâche quotidienne à remplir, par exemple des modèles à
copier. Car Théodore Fantin n'entendait pas que ce fût là un
simple amusement pour l'enfant âgé de dix ans à peine, et voulait développer les dispositions qu'il voyait poindre chez le
bambin; la règle de travail était assez sévère et le petit Henri
ne devait abandonner une copie commencée qu'après l'avoir
achevée avec l'exactitude la plus minutieuse : aussi le gamin,
quelquefois, quand il était à bout de patience, déchirait-il ou

PORTRAIT DE FANTIN PAR LUI-MÊME
1858. — Galerie Nationale, à Berlin.

maculait-il son papier, comme par accident, pour passer à un autre genre d'exercices.

Fantin, cependant, n'était pas un élève indocile, tout au contraire; mais il aurait déjà voulu voler de ses propres ailes. Après qu'on l'eut mis à l'école des Frères de la rue Saint-Benoît pour préparer sa première communion et qu'il l'eut faite, il revint chez son père, à côté de qui il travaillait tout le jour sans désemparer. Le soir, la distraction préférée de ses parents était d'aller, l'été, dîner dans quelque restaurant de la banlieue, ou l'hiver, au spectacle, de préférence au Palais-Royal ou même aux Funambules, où l'enfant s'amusait follement; mais sous cette apparence docile, le jeune Henri donnait déjà des signes d'indépendance. Il avait d'abord copié furtivement des dessins de Flaxmann que lui avait prêtés un pharmacien du voisinage, ancien second prix de Rome pour la sculpture, puis il s'était mis, toujours en cachette, à faire de l'aquarelle, en copiant des scènes romantiques de Baron ou des paysages de Soulès; bref, l'heure approchait où son père ne pourrait plus le tenir sous sa rude discipline.

Un jour qu'il passait rue de l'École-de-Médecine, il lève les yeux et lit cette inscription : « École de Dessin », au-dessus d'une porte ouverte; il entre et se trouve dans une salle où l'on avait organisé une exposition de dessins en fin d'exercice. Et quels étaient ces dessins? Des académies, justement comme il rêverait d'en faire. Il monte au secrétariat, s'informe, apprend qu'il faut avoir quinze ans pour être admis à suivre les cours et reste penaud en pensant qu'il s'en faut de trois mois pour qu'il y puisse entrer. Cependant le secrétaire, touché de le voir si désappointé, passe sur le règlement et lui donne quand même une carte d'admission. Le lendemain soir, 10 octobre 1850, à l'heure dite, le nouvel élève arrive avec son petit bagage; il ne connaît aucun maître, aucun élève; il occupe une place quelconque, fait exactement ce qu'il voit faire aux autres et se tire si bien de ces études d'après la bosse qu'au premier concours de places, il est classé d'emblée le premier : jugez de la joie du jeune homme et du bonheur de ses parents.

Celui qui venait au second rang était un nommé Solon, avec qui Fantin s'était rapidement lié parce qu'ils prenaient le même chemin pour rentrer chez eux, au sortir de l'école. Or, ce Solon suivait aussi les cours que M. Lecoq de Boisbaudran faisait au n° 39 du quai des Grands-Augustins pour expérimenter, sur des élèves déjà capables de peindre, son système basé sur l'éducation de la mémoire pittoresque. Le système très original de ce maître, qui professait à la fois à l'école de la rue de l'École-de-Médecine et dans une succursale de la Légion d'honneur, comportait deux sortes d'exercices : ceux propres à développer, soit la mémoire de la forme (dessins), soit la mémoire de la couleur (les premiers se faisaient à la rue de l'École-de-Médecine, les seconds au quai des Grands-Augustins), et le résultat à atteindre, au bout d'exercices gradués, était de reproduire de mémoire et sans le secours d'aucun document, quelque morceau de peinture qu'on était allé voir au Louvre. Solon n'eut pas de peine à décider Fantin à l'accompagner là; mais le difficile pour

Fantin était d'obtenir la permission de son père. Aux yeux
de celui-ci, en effet, des cours du soir, comme ceux de
l'école de dessin que Fantin suivait déjà, étaient toujours bons à
fréquenter; mais ceux de l'atelier Lecoq avaient lieu le matin
jusqu'à midi, et permettre à son fils d'y assister régulièrement c'était presque, pour M. Fantin, cesser de l'avoir pour
élève et même un peu pour aide dans ses travaux personnels :
le père de Fantin se laissa cependant convaincre et, à partir
de 1851, l'école du quai des Grands-Augustins compta un
élève de plus.

Ils n'étaient pas nombreux là, dix ou douze environ, et
l'installation était des plus sommaires, la cotisation de dix
francs par élève subvenant tout juste aux frais généraux et
ne permettant que de recruter des modèles d'occasion, presque
de bonne volonté. Fantin, à dire le vrai, pendant les trois
ou quatre années qu'il suivit ces cours, fit quelques-uns des
exercices de mémoire recommandés par son maître, mais sans
beaucoup de conviction; par tempérament, il était rebelle à
tous les régimes, quels qu'ils fussent, et venir exactement à
l'atelier n'était pas même son fait, à tel point que M. Lecoq
avait fini par l'appeler : « l'Oiseau voyageur ». En réalité, ce qui
l'attirait et le ramenait là, après des absences plus ou moins
longues, c'était le plaisir de travailler d'après le nu; c'était
encore la grande liberté que le maître laissait à ses élèves,
car il entrait dans le système d'enseignement de M. Lecoq de
ne les contraindre en rien, d'éviter de peser sur eux le moins
du monde, fût-ce en leur montrant sa propre peinture; de
respecter enfin les dispositions individuelles, de cultiver d'une

façon plus ou moins intense la personnalité de chacun par le développement de la mémoire de l'œil, à laquelle le maître attachait une si grande importance.

Ce qui charmait enfin Fantin par-dessus tout dans cette école, c'était les solides amitiés qu'il y avait nouées et dont il garda jusqu'au bout le plus agréable souvenir. C'était d'abord Alphonse Legros, simple enfant du peuple et n'ayant reçu qu'une éducation de rencontre, mais le boute-en-train de la bande, possédant un don d'imitation très particulier et beaucoup d'esprit naturel : n'est-ce pas lui qui, beaucoup plus tard, après s'être fait naturaliser Anglais, dira si drôlement : « Comme c'est simple! Hier, j'avais perdu Waterloo; aujourd'hui, je l'ai gagnée! » C'était naturellement Solon, fils d'un avocat appelé par le Khédive en Égypte et qui avait un goût très vif pour les choses littéraires; c'était Guillaume Régamey, déjà porté de préférence vers les études de chevaux et les scènes militaires; c'était Léon Ottin, fils du sculpteur à qui l'on doit le groupe de la Fontaine de Médicis et que son goût très développé pour la musique rapprochait de Fantin; c'était Charles Cuisin, très épris de Jean-Jacques, passionné pour la botanique, et que Fantin, le jour où il était entré à l'atelier, avait été très surpris de voir refaire de mémoire, avec son seul couteau à palette, la tête du joueur de viole des *Noces de Cana* : ce dernier, à vrai dire, était l'élève préféré du maître et le phénix de l'atelier Lecoq.

Après la séance du matin, tous ces jeunes gens prenaient leur vol dans Paris, travaillant chacun selon ses préférences; — c'est alors que Fantin commença à aller régulièrement à la

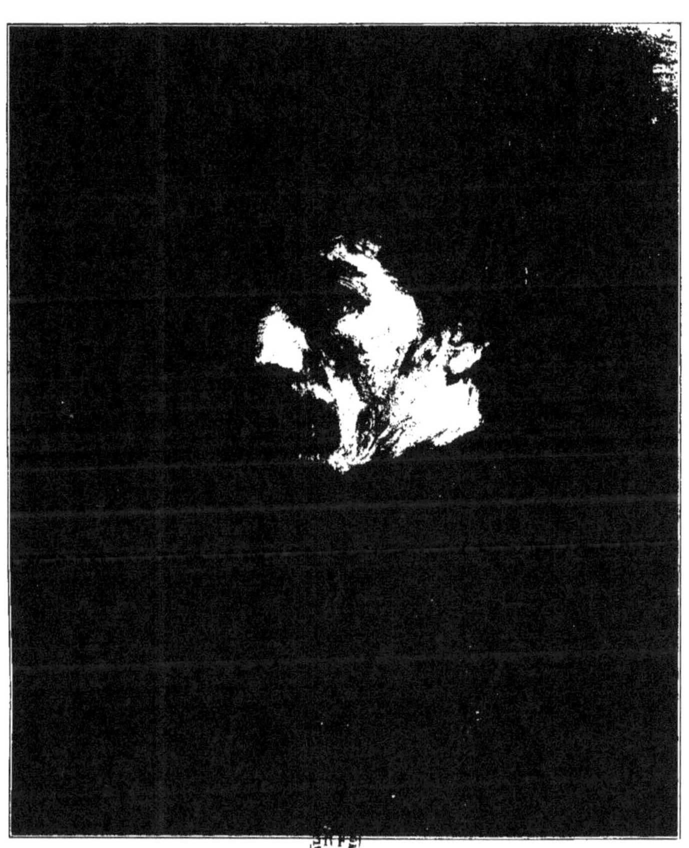

PORTRAIT DE M. ALPHONSE LEGROS

A Mme Paul Paix 1858.

Bibliothèque impériale pour voir les gravures d'après les maîtres, puis au Louvre pour voir les tableaux mêmes ; — mais,
le soir venu, tous ceux que je viens de nommer, et d'autres
encore, se réunissaient tantôt dans l'atelier du père d'Ottin,
tantôt dans une petite chambre que le père de Fantin, se trouvant trop à l'étroit, avait louée pour son fils dans la même
maison, et c'étaient parfois de si bruyantes discussions, des
causeries ou des plaisanteries tellement vives, qu'elles finis-
saient par exaspérer les voisins. Alors, pour ne plus gêner personne, nos apprentis peintres se rendaient dans un petit café,
le café Taranne, où ils occupaient en maîtres la salle d'entrée, tandis que des littérateurs, Gustave Flaubert et Louis
Bouilhet entre autres, poursuivaient leurs entretiens dans une
pièce plus reculée. L'été venu, d'autres distractions s'of-
fraient à ces jeunes gens : ils allaient à la campagne, surtout
du côté de l'étang de Villebon, et là, pour mettre en pratique
les idées chères à M. Lecoq, ils faisaient des études de nu
en plein air, en profitant d'une baignade pour peindre l'un ou
l'autre d'entre eux et juger des effets de la lumière plus ou
moins diffuse, de ceux de l'éloignement, en un mot de tous
les problèmes de la perspective sous un jour autre que celui
de l'atelier. Ce furent là quelques années pendant lesquelles
Fantin travailla le plus librement et plus utilement du monde ;
après quoi, sur le conseil de son maître, et sans pour cela
quitter l'atelier Lecoq, il se présenta à l'École des Beaux-Arts,
avec quelques-uns de ses camarades. Au bout d'une seule
année d'études, en 1851, il avait déjà reçu de son maître un
certificat l'autorisant à passer ce concours, mais il n'en avait

rien fait; cette fois-ci, après trois années de travail de plus, il s'y présenta et fut admis le 41e, à la date du 28 février 1854.

A cette époque, il n'y avait pas d'atelier de professeur à l'École, et le seul avantage que Fantin et ses amis dussent trouver là, c'était d'avoir des séances de modèles gratuites : tout l'enseignement officiel consistait en des classes du soir où peintres et sculpteurs, confondus, travaillaient d'après le nu ou l'antique. Un membre de l'Institut venait les inspecter, deux ou trois fois par semaine, et c'est ainsi que Fantin se souvenait d'avoir vu passer là Horace Vernet, Paul Delaroche, Léon Cogniet, David d'Angers : le premier, toujours aimable et bienveillant; le second, sec et gourmé, n'épargnant pas les observations désobligeantes; le dernier enfin, très intéressant à écouter, le seul qui parût vouloir faire profiter les élèves de son expérience. Au total, les résultats du travail de Fantin à l'École des Beaux-Arts furent négatifs : tous les trois mois, pour être maintenus, les élèves devaient subir un nouveau concours de réadmission ou de maintien, comme on voudra dire; or, au premier de ces concours, Fantin eut un numéro inférieur à son numéro d'entrée; à l'examen suivant, il descendait encore, et au bout de trois ou quatre concours, il était éliminé : les juges avaient trouvé qu'il faisait constamment des progrès à rebours.

C'est ainsi que Fantin, n'ayant pas eu d'autres maîtres que son père et Lecoq de Boisbaudran, se fit gloire de s'inscrire toujours sous ce double patronage et contribua pour une très large part à la célébrité de l'atelier où passèrent après lui Georges Bellenger, Cazin, Lhermitte, Félix et Frédéric

Régamey, Roty; c'est pourquoi le brave M. Lecoq, tout
heureux et tout fier des succès tardifs de son élève, se
rappelait à lui, d'une façon très touchante, à son heure
dernière : « J'ai bien regretté, m'écrivait Fantin le 24 septembre 1897, de ne pas être à Paris pour les funérailles de
M. Lecoq : la lettre de faire-part m'est arrivée trop tard. Au
mois de janvier de cette année, il a fait son testament (il
avait 96 ans), dans lequel il me laisse 5000 francs, en souvenir. Cela m'a touché, car j'étais un élève indiscipliné et il
y avait bien longtemps que je ne l'avais vu... »

*
* *

En réalité, les véritables maîtres de Fantin étaient au
Louvre, et c'est, comme je le disais plus haut, peu de temps
après son entrée à l'atelier Lecoq, en 1853, que le jeune
peintre entama cette longue série de copies et d'études où il
devait égaler parfois les originaux devant lesquels il passait
toutes ses journées. La première toile qu'il entreprit de
reproduire fut le *François Ier*, du Titien, auquel succédèrent
bientôt *le Duc de Richmond*, de Van Dyck ; *le Mathématicien*,
de Ferdinand Bol, *l'Assomption* et une *Sainte Famille*, de
Poussin, le *Saint-Jérôme*, du Titien, etc. ; et quelle fut sa joie
de voir souvent de près, mais sans lui adresser la parole,
Delacroix qui venait parler à son élève Andrieu, alors occupé
comme Fantin à copier la Vierge du *Saint-Georges*, de Véronèse ! A cette époque, c'est lui-même qui l'a dit, il fut saisi
d'une véritable fièvre d'admiration pour ce maître et repro-

duisait, sur des bouts de toile qu'on a pu voir à l'Exposition
de son atelier, après sa mort, la femme et l'enfant du *Mas-
sacre de Scio;* puis, tour à tour, tous les personnages des
Femmes d'Alger; enfin, l'été venu, comme son camarade
Solon, installé avec sa famille à Versailles, l'avait engagé à y
venir passer quelques jours, il occupait toutes ses après-midi
à copier, dans la Galerie des Batailles, le groupe central de
l'Entrée des Croisés à Constantinople.

Tout à coup, arrivèrent des commandes fructueuses, encore
par l'intermédiaire du brave Solon : il s'agissait de faire
des copies d'après les maîtres pour former en Amérique un
musée organisé par le très riche M. Stowe, beau-frère de la
célèbre romancière Mme Beecher-Stowe, et ce fut Fantin qui
fut choisi pour ce vaste travail, sur la désignation de M. Bel-
loc, le directeur de l'École de dessin de la rue de l'École-de-
Médecine, qui ne connaissait nullement Fantin, à la vérité,
mais qui le jugea d'après ses copies antérieures. « Toi qui
passes ta vie au Louvre, avait dit Solon à son ami, voilà un
travail qui serait tout à fait à ta convenance! » Et Solon ne
se trompait pas, car Fantin, comme entrée de jeu, mit près de
deux ans à faire une copie des *Pèlerins d'Emmaüs* du Titien,
grandeur originale, copie si religieusement faite qu'elle attira
l'attention des amateurs ou des peintres qui venaient encore
au musée étudier les maîtres, et le mit en rapport avec Cou-
ture et Lehmann, avec Bonvin, Ricard et Robert Fleury, avec
Jeanron père, qui suivait de jour en jour les progrès de son
travail et à qui le jeune peintre donna quelques pochades,
tant il était fier d'un si précieux encouragement.

SCÈNE FINALE DU RHEINGOLD

Lithographie originale 1877.

Mais ce n'était pas tout que de copier. Fantin commençait à produire par lui-même : dès 1853, alors qu'il n'avait que dix-sept ans, il faisait un portrait de lui, qu'il a reproduit plus tard en lithographie pour accompagner le catalogue de ses lithographies dressé par Germain Hédiard, puis un petit portrait de son oncle le Jésuite et un minuscule paysage de Montmartre, deux toiles qui ont été revues, il y a deux ans, à l'Exposition rétrospective de son œuvre. Ensuite vinrent une tête au crayon, d'après sa sœur Nathalie; un portrait de la même en talma de velours noir sur fond rouge, qu'il projetait d'envoyer à l'Exposition de 1855 et qu'il détruisit tout à coup; une esquisse du *Songe,* offerte à son ami Solon, du *Songe* qui devint peu après d'abord un pastel, puis une peinture à l'huile ; et c'était encore de nouvelles études d'après ses sœurs, sujets de lithographies pour l'avenir, avant qu'il ne s'improvisât pour un jour peintre de scènes religieuses.

Voici dans quelles circonstances s'opéra cette métamorphose : le curé du Plessis-Piquet, qui s'appelait Berlioz, ayant manifesté un jour devant le sculpteur Ottin le désir de faire décorer une chapelle de sa modeste église, la chapelle des fonts baptismaux, pourvu qu'il n'eût à payer que les dépenses matérielles : couleurs, échafaudages, etc., les jeunes peintres, avisés de ce désir, saisirent l'occasion qui s'offrait à eux de se distraire et de travailler ensemble pendant tout l'automne de 1855. Cuisin, l'aîné et le plus fort de l'atelier Lecoq, devait représenter sur le mur du fond le baptême du Christ dans le Jourdain ; Ottin s'était chargé de peindre sur la voûte les médaillons des quatre Évangélistes, et les murs

latéraux furent attribués, l'un à Solon pour y peindre le
baptême de l'eunuque par saint Philippe, et l'autre à Fantin
pour y représenter saint François-Xavier baptisant les Indiens.
Inutile de dire qu'il ne subsiste plus rien aujourd'hui, sauf
les têtes d'Ottin, des peintures que ces jeunes gens avaient pris
tant de plaisir à faire, que le curé avait été si fier de voir
achever et dont le maire avait été si satisfait, qu'il avait demandé
à chacun des peintres d'exécuter pour lui un dessin de leurs
compositions ; c'est ainsi que Fantin vit tomber inopinément
dans sa poche un beau billet de cent francs dont il ne dut pas
faire fi, lui qui ne gagnait encore un peu d'argent qu'en
donnant des leçons de dessin dans une pension de la rue
des Postes.

Mais ces jeunes peintres ne se contentaient pas de peindre.
Afin de s'exciter au travail et de se forcer à échanger leurs
idées, ils avaient imaginé de composer un album collectif, où
ils transcrivaient leurs impressions en les accompagnant au
besoin de croquis et d'aquarelles, et Fantin, justement en cette
année 1855, y inséra une petite allocution à ses amis où, après
leur avoir marqué sa joie de se retrouver au milieu d'eux et
le regret de ne pouvoir exprimer élégamment ce qu'il éprouve,
il affirmait déjà que, pour lui, il n'y avait pas d'autre plaisir
ni d'autre but dans la vie que de peindre ; que, selon lui, la
nature devait être le souverain modèle, la meilleure source
d'inspiration pour l'homme de génie comme pour l'artiste
doué de facultés moindres, et qu'il lui semblait que l'époque
où ils vivaient devait être féconde parce que l'art entrait dans
la voie de la nature et de la vérité.

A la suite de ce petit « laïus », Cuisin, qui paraît avoir été
le gardien de cet album, ne s'est pas tenu d'ajouter les lignes
que voici : « Ces phrases écrites sans art, sans prétention,
sont celles qui me font le plus de plaisir. Ce sont celles où,
bien loin de se le figurer, notre modeste Fantin s'est le mieux
peint. Je l'y retrouve tout entier; j'y retrouve son parler
calme, doux et tranquille, ses expressions indécises qui ne
tracent que quelques mots à de grands intervalles, laissant à
la pensée à combler ce qui manque. Et puis il y dit, comme
s'il parlait, tout simplement ce qu'il pense. C'est pour cela
qu'il y montre bien sa nature, son caractère particulier; c'est
pour cela qu'il y a de l'originalité, et pourtant il n'osait nous
les lire, craignant que nous ne les trouvassions trop ordinaires, trop banales. Et pourtant voilà comme on devrait
faire des arts. Le sentiment et la personnalité, loin d'être un
objet de recherche et d'étude, devraient être comme une
source d'où l'eau s'épanche, sans cesse et sans peine. On
devrait se laisser aller à faire tout simplement ce qu'on aime,
comme on l'aime; dire ce qu'on pense comme on le pense,
et se complaire soi-même dans ce que l'on fait [1]... »

Cette année-là même, l'Exposition universelle ouverte au
Palais de l'Industrie avait produit une forte impression sur
notre jeune homme qui fut toujours très sensible à ces grandes
manifestations internationales et que ses promenades dans les
salles consacrées à Ingres, à Diaz, à Rousseau rendaient fou
d'admiration. C'est dans le même temps qu'il entreprenait

---

1. Cet album, dit Album de Cuisin, est aujourd'hui au Musée du Luxembourg.

pour la première fois de copier — toujours sur la demande de M. Stowe — ce tableau des *Noces de Cana*, cette « merveille de l'art » qui n'allait pas lui demander moins de deux ans de travail, dont il devait faire encore cinq copies par la suite, et à propos duquel un connaisseur qu'il ne nomme pas lui dira plus tard, au Louvre : « C'est bien, cette copie, vous sentez cela. Je ne crois pas que l'on ait mieux compris Véronèse que vous ne le faites. » Éloge bien doux à l'oreille de l'artiste, mais qui ne l'empêchait pas d'entendre des voix lui disant : « Tu ne peux voir l'ensemble; tu te raccroches aux détails; celui qui sentirait vraiment les grandes choses de ce maître, verrait et ferait cela bien autrement que toi »; éloge qui l'enchantait, mais ne le grisait pas, et qui lui faisait écrire à Edwards : « Bien des fois, je me suis dit : Travaillons; le travail c'est le bonheur, et un tas d'autres sentences dans ce goût. Eh bien! voilà le moment. Je veux en avoir le courage. Puis vous ne vous figurez pas combien cela m'est pénible de ne pas faire ce que je veux. Le Louvre, où je vis, me désespère. J'ai travaillé assez sérieusement depuis un mois, voulant finir ma copie. Cela me rendait tout triste de n'être vraiment rien à côté de tous ces grands artistes, et vous connaissez le remords de l'artiste qui résiste même aux plus grands compliments [1]... »

Ces longues séances quotidiennes au Louvre qui durèrent presque sans interruption jusqu'après 1870 — car Fantin continuait d'y travailler pour lui-même à l'époque où je fis sa

---

1. Lettre à Edwards, du 21 août 1865.

RINALDO, DE BRAHMS

Lithographie originale 1878.

connaissance — l'amenèrent à connaître dès les premiers
temps, d'abord le peintre anglais Leighton, dont l'atelier
parisien était alors un rendez-vous du beau monde et qui
contribua à faire avoir à Fantin des commandes de copies, principalement dans la colonie grecque de Londres; ensuite le
brillant Carolus Duran, avec qui, si dissemblables que dussent
être leurs façons de vivre et leurs caractères, il demeura toujours en rapports très sympathiques; puis encore un jeune
peintre récemment arrivé de Francfort, avec qui Fantin se lia
de la plus solide amitié, j'ai nommé Otto Scholderer qui aimait
la musique autant que lui, savait jouer du violon et mena
tout de suite son nouvel ami chez un compatriote où se donnaient rendez-vous d'autres musiciens allemands dont les
exécutions ravissaient d'aise le peintre français. Un jour enfin,
— et ce jour dut compter dans sa vie, — au moment où il commençait une seconde copie des *Noces de Cana* pour un M. Pina,
de Mexico, Fantin vit s'approcher de lui, comme pour
obtenir un renseignement quelconque, un jeune homme, très
élégant de sa personne et dont la suffisance apparente l'avait
déjà mal disposé, un jeune étranger qui flânait beaucoup au
Louvre en retouchant de loin en loin une copie des *Cavaliers*
de Vélasquez, qui revenait alors d'un voyage aux bords du
Rhin, travaillait dans l'atelier de Gleyre et terminait justement quelques eaux-fortes dont les premières épreuves furent
souscrites par Fantin lui-même : c'était James Abbott Mac
Neil Whistler, qui s'accorda tout de suite à merveille avec
Fantin, si différentes que fussent leurs natures, et qui
devait occuper une grande place dans sa vie, en subissant

beaucoup plus son influence que Fantin ne subit la sienne. Au bout de peu de jours, le nouveau venu était un des membres les plus assidus du petit cercle qui se réunissait alors rue de l'Odéon, au café Molière, et qui comptait, en plus de Fantin et de Whistler, Legros, Carolus Duran, Scholderer, Zacharie Astruc, etc., sans oublier quelques Fenians réfugiés alors à Paris et qui vinrent à la suite de Whistler : n'était-ce pas là comme le noyau des futures réunions du café de Bade et du café Guerbois?

Whistler était comme à demeure à Paris, au moins pour quelques années; mais Scholderer, lui, partageait son temps entre la France et Francfort, où il avait sa famille. En partant, certain jour, il avait prié Fantin de lui expédier des cadres qu'il jugeait plus jolis et plus avantageux que ceux qu'il trouverait en Allemagne; mais, pour éviter d'avoir à payer les droits de douane dont étaient frappés là-bas les cadres neufs, il avait également demandé à son ami de mettre dedans n'importe quelle ébauche. Fantin lui expédia de la sorte, à seule fin que ces cadres ne fussent pas taxés comme neufs, quatre ou cinq peintures de sa façon : ses deux sœurs assises l'une à côté de l'autre sur un canapé; son propre portrait, de face et de profil, avec la palette à la main, puis un portrait de son camarade Alphonse Legros, et c'est de tous ces morceaux, brossés à la hâte, que Courbet, passant un jour par Francfort, disait à Scholderer, que « ce n'était pas là de la peinture pour les bourgeois », en pesant sur cette dernière syllabe de toute la lourdeur de son accent franc-comtois. Fantin, cependant, ne pouvait pas se contenter éternellement

de faire des copies pour des particuliers ou de faire cadeau
de ses essais de peinture à des amis. Il souhaitait de prendre
contact avec le public, et si la première tentative qu'il avait
faite avait assez mal tourné lorsqu'il avait vendu une nature
morte à l'hôtel Drouot pour la modique somme de dix-sept
francs, il pensait pouvoir espérer mieux de tableaux qui
auraient passé par le Salon, et, si souvent qu'il eût entendu
son maître lui recommander, à lui et à d'autres, de ne se lancer
dans la mêlée que le plus tard possible, il commençait à
trouver que l'heure était venue d'essayer de marquer sa place
au soleil.

Pour la première fois, en 1859, il se décida à affronter les
sévérités du jury, et le fait est qu'elles ne lui furent pas mé-
nagées. Des trois tableaux qu'il avait envoyés : un portrait
de sa sœur lisant, un autre de lui-même en corps de chemise,
et ses deux sœurs occupées l'une à tapisser, l'autre à lire,
aucun ne fut admis. Alors, pour protester contre ce refus qu'il
jugeait immérité et qui englobait aussi des tableaux de Ribot,
le *Piano* de Whistler, un portrait du père de Legros, par
Legros, etc., Bonvin, le plus ancien de cette petite phalange
indépendante, plus avancé lui-même dans la carrière et ayant
forcé les portes du Salon depuis quelque dix ans, Bonvin,
dis-je, imagina d'ouvrir comme une petite Exposition des Refusés dans ce qu'il appelait son « atelier flamand » de la rue
Saint-Jacques, et Fantin fut représenté là par deux des trois
toiles qu'il s'était vu refuser : son propre portrait et celui de
sa sœur. Quant au tableau où figuraient ses deux sœurs, force
fut de l'écarter, la place étant strictement mesurée à chacun

des exposants dans cet étroit local et Fantin occupant déjà
largement celle qui lui était attribuée. N'était-ce pas dans ce
malheureux groupe, refusé d'un côté, éliminé de l'autre, que
le peintre avait pu saisir pour la dernière fois les traits de
sa sœur Nathalie qui, cette année-là même, tomba gravement
malade et qu'il fallut interner à Charenton où elle resta plus
de quarante-quatre ans, jusqu'à sa mort arrivée en 1903?

L'année était mauvaise pour Fantin : son échec au Salon,
la maladie de sa sœur, l'existence monotone et serrée qu'il
menait dans sa famille, tout contribuait à lui suggérer des
pensées tristes, à le décourager. Heureusement que son nouvel
ami Whistler intervint alors et le décida par ses instances
affectueuses — « Mon cher petit Fantin, lui écrivait-il, il faut
que nulle idée, théorie ou autre absurdité ne t'empêche de
venir ici de suite » — à faire le voyage d'Angleterre où lui-
même et son beau-frère, le chirurgien et graveur à l'eau-forte
Seymour Haden, se feraient une joie de le recevoir; où Fantin
allait trouver une vie très large, très luxueuse, dont il fut tout
émerveillé et qui le remonta singulièrement en changeant le
cours de ses idées. Que de surprises et d'exclamations dans
ses lettres à ses parents! La commodité des installations,
l'abondance de la chère et la variété des menus, qu'il énu-
mère : « Nous dînons, quels dîners! Champagne frappé pour
boisson, tout le temps! » les équipages avec cochers pou-
drés; les cavaliers et les amazones, les « très belles dames,
mais sans goût, sans chic aucun », qu'il voit défiler à Hyde-
Park, tout l'enchante, jusqu'à la société des exilés français
où cela l'amuse d'entendre mal parler de l'empereur.

LES SŒURS DU PEINTRE : M^{elles} NATHALIE ET MARIE FANTIN-LATOUR

1859. — A Mme Victor Klotz.

Mais l'artiste est moins émerveillé que le jeune homme ; il
découvre que les Anglais n'aiment que les tout petits tableaux,
très achevés, comme au pointillé, surtout les sujets de genre,
drôle ou sentimental, et richement encadrés. A la *National
Gallery* même, il reste sur la défensive et déclare qu'il n'admire plus autant les peintures anciennes ; qu'au Louvre, à force
de regarder, il était devenu indulgent pour tout, tandis qu'ici,
en face de tableaux qu'il regarde pour la première fois, il voit
plus juste et trouve que « tout n'est pas beau » : Rembrandt,
Canaletti, Van Eyck, les Vénitiens, Cuyp, voilà ce qu'il a
rencontré de meilleur, et surtout un merveilleux Vélasquez,
une *Chasse de Philippe IV,* « la plus belle chose et la plus
vraie qu'il ait jamais vue ». Il entend trop jouer par les orgues
le *Miserere* de Verdi, qui finit par lui porter sur les nerfs,
mais il se console en écoutant Mme Haden jouer sur le piano
la fameuse barcarolle d'*Oberon,* et au bout d'une dizaine de
jours de cette existence « paradisiaque », après avoir donné
à Seymour Haden deux esquisses que son hôte tient à lui
payer, en lui commandant de plus une copie à faire au Louvre,
il se prépare à rentrer à Paris et signe audacieusement sa
dernière lettre : « Henri Fantin-Latour, qui sait bien maintenant ce qu'il vaut. » C'est ce qu'il lui restait à montrer.

*
* *

Les Salons de peinture, à cette époque, s'ouvraient seulement tous les deux ans : aussi Fantin ne renouvela-t-il sa
tentative qu'en 1861, et cette fois, trois de ses tableaux sur

quatre furent admis par le jury, trois *Études d'après nature* qui étaient en réalité des portraits : un d'après lui-même, un autre de sa sœur Marie lisant et enfin celui du peintre anglais Ridley. Ce jeune étranger, qu'il avait connu par Whistler, lui avait fait connaître à son tour un avocat de Londres, nommé Edwards, qui s'occupait beaucoup de beaux-arts, avait un réel talent de graveur à l'eau-forte et s'essayait aussi à faire de la peinture. Une sympathie réciproque, qui s'était vite transformée en une amitié très solide, avait tout de suite uni Fantin à Edwards, le jeune peintre trouvant un guide, un conseil des plus sûrs, des plus judicieux dans la personne du *barrister* anglais. Aussi Fantin, ayant retraversé la Manche dès cette même année 1861, dut-il se partager entre Seymour Haden à qui il portait, sur une commande que celui-ci lui avait faite, une grande copie des *Noces de Cana* (il était allé le joindre à Whitley, dans la maison du peintre Hook, où Haden était en villégiature) et Edwards auprès de qui il trouva, à Sunbury, une hospitalité tout à fait cordiale qui lui rappelait la vie de famille — « à la différence que je ne manque de rien », ajoute-t-il en plaisantant — et que rendaient encore plus agréables pour lui la présence de son ami Ridley et l'agréable talent de Mme Edwards sur le piano. C'est pendant ce grand mois d'une tranquillité parfaite qu'il peignit des natures mortes très préférables, pensait-il, à celles qu'il avait déjà faites, et qu'il commença le portrait de Mme Edwards en robe blanche, en buste : « Je travaille, écrivait-il à ses parents; le portrait avance, c'est en train, j'ai espoir. » Mais si grande hâte qu'il y mît, il ne put pas l'achever avant son départ et il ne le termina que trois ans plus tard, toujours à Sunbury, en 1864.

Au commencement de septembre, il était de retour à Paris et courait voir la chapelle que Delacroix venait de peindre à Saint-Sulpice : « Malgré ce nouveau chef-d'œuvre, malgré les admirables choses qu'il y a, je n'ai pensé qu'à la bêtise de l'homme qui, sur la terre, s'amuse à barbouiller des murailles, et aux autres qui trouvent des merveilles à un coup de brosse qui va plutôt d'un côté que d'un autre »; il allait travailler pendant un mois à l'atelier de Courbet et s'en échappait bien vite; il écrivait enfin lettres sur lettres à Edwards pour lui exprimer sa reconnaissance et continuait de lui confier toutes ses angoisses, tant il voyait l'avenir en noir, tant il se heurtait à des refus d'exposer, personne, à ce qu'il dit, ne voulant de sa peinture. « Il y a Paris; vous savez : Paris!!! Ce mot n'est pas d'un patriote, le patriotisme n'est pas chez moi; mon sang est trop mélangé! Paris, c'est l'art libre. On n'y vend rien, mais on y a sa libre manifestation et des gens qui cherchent, qui luttent, qui applaudissent; on y a des partisans, on y fonde une école; l'idée la plus ridicule comme la plus élevée y a ses partisans, etc. Au fond, un endroit atroce pour pouvoir y vivre[1]. » Et cependant il y vécut sans trop de chagrin, il y demeura même obstinément, n'en voulant presque jamais sortir, dans ce Paris qu'un peu plus tard il donnera à Edwards comme une seconde Athènes : « Athènes fut comme Paris, folle et chan-

1. Lettre à Edwards, du 23 novembre 1861.

geante, absurde même, mais artiste, aimant le dehors, la forme, la couleur, l'art pour l'art[1]. »

Les années suivantes comptent parmi les plus tristes de la carrière de Fantin. Ses soubresauts de confiance et de découragement, d'espoir et de désespoir le rendent le plus malheureux du monde, — « Vous savez, dit-il à Edwards, c'est le tourmenté et le tourmenteur, » — et lorsqu'il trouve à se débarrasser de quelques natures mortes, il lui semble qu'il fait du commerce : « Je n'ai jamais eu plus d'idées sur l'art dans la tête et je suis obligé de faire des fleurs! En les faisant, je pense à Michel-Ange, devant des pivoines et des roses. Cela ne peut pas durer. » Un portrait qu'il a fait de lui-même est refusé au Salon de 1863 et il l'expose au Salon des Refusés avec sa toile : *Féerie,* qui avait eu le même sort, tandis que son tableau de *la Lecture* avait été admis au Salon officiel. Puis le voilà s'acharnant de nouveau à faire des natures mortes pour le monde grec de Londres, où Whistler l'avait introduit, fort à propos d'ailleurs, puisqu'une brouille survenue entre celui-ci et son beau-frère Haden empêchait ce dernier de renouveler à Fantin les commandes qu'il lui avait faites : « Le bonheur n'est pas permis, la nécessité commande. Allons, marche, paresseux! Il est huit heures. Au Louvre! » Et quelque autre jour, comme un tableau de son ami vient d'être refusé au Salon, contre toute justice à ce qu'il lui semblait, avec quelle fierté ne s'écriait-il pas : « Whistler m'a montré un côté que je ne lui connaissais pas : la persistance, la

1. Lettre à Edwards, du 27 novembre 1864.

LA WALKYRIE (DÉBUT)

Lithographie originale (1879).

volonté. Mais pourquoi s'occupe-t-il de : Reçu ou pas reçu?
Laissons cela aux hommes; nous autres, nous sommes des
artistes [1] »?

Mais 1864 lui réservait d'assez grandes satisfactions.
D'abord, il fait recevoir au Salon sa première très grande
toile : *Hommage à Delacroix,* qui fut mal placée, peu regardée et très critiquée, mais qui enfin avait affronté victorieuse-
ment le jury; ensuite, il a le grand honneur d'être admis à
l'*Academy* de Londres avec deux tableaux de fleurs; enfin, il
peut faire un troisième voyage en Angleterre où il retrouve,
plus vives encore qu'aux années précédentes, les mêmes
jouissances artistiques, la même tranquillité de vie, avec
l'oubli momentané de ses préoccupations continuelles : « C'est
le Paradis, écrivait-il à ses parents. Ce sont là les moments
les plus heureux, les plus calmes que j'aie jamais eus; mais
je sens que l'on s'endort dans cette vie-là, que cela est trop
tôt; cela devrait arriver plus tard... » Et non seulement il est
accueilli à bras ouverts, mais il trouve là le placement de
nombreux tableaux, en particulier de la *Scène de Tannhæuser*
(le Vénusberg) qui avait été reçue cette même année au Salon
et qu'il retoucha avant de la vendre à **M.** Ionidès, avec deux
tableaux de fleurs : « Vous ne vous imaginez pas comme le
voyage fait du bien, écrit-il à sa mère. Cela change, cela
fait faire des progrès et vous donne de l'assurance, avec la
vraie opinion sur soi. » Il n'y a qu'un seul point noir dans ce
tableau enchanteur, c'est qu'il avait accepté d'aller chez des

1. Lettre à Edwards, du 15 mai 1862.

amis de Whistler, « à cent lieues de Londres », dans un château très triste du Lancashire, et lui-même étant encore plus triste que le château, puis de peindre là le portrait d'une dame qu'il fallait absolument rajeunir, ce qu'il est tout étonné d'avoir entrepris, mais ce qu'il jure bien de ne jamais recommencer. « A Sunbury, je vais me reposer et faire mes bouquets avec plaisir et tout doucement; je vais tâcher de faire de bonne peinture, car j'ai des remords de mon portrait; c'est horrible de faire des portraits pour plaire au public. Ah! que je t'ai plaint, papa, d'avoir passé tant de temps à faire ce métier! Que c'est affreux[1]! »

Et dès qu'il a regagné Paris, avec quelle effusion ne remercie-t-il pas ses hôtes des longs jours de tranquillité qu'il leur doit! «... Moi, dit-il, je reste à songer. Je suis à Sunbury, mon cher monsieur Edwards. Vous ne saurez jamais quel bonheur, quel beau temps j'ai passé auprès de vous, ne pouvant vous donner une idée de moi, de mon éducation, de mes premières années, de ma pauvre et tourmentée existence, de mon pauvre esprit, tout nerveux; toujours replié sur moi-même; de ma vie, toujours seul, toujours aspirant au bonheur, à la gloire, à l'art; jamais content, jamais satisfait. J'ai trouvé chez vous le premier repos; vous avez été pour moi ce que j'avais toujours désiré, me supportant sans rien laisser paraître de l'ennui que de certaines natures comme la mienne doivent causer[2]. » Sur ces entrefaites, arrive à Paris Rossetti, le peintre préraphaélite, que Fantin se repro-

1. Lettre à ses parents, du 12 septembre 1864.
2. Lettre à Edwards, du 24 octobre 1864.

chait d'avoir quitté trop brusquement, sans être allé le remercier, après toutes les amabilités qu'il avait reçues de lui
à Londres, et pour réparer « sa grossièreté », il se met à la
disposition du voyageur; il le promène et le conduit partout :
au Louvre, au Luxembourg, chez Manet, chez Courbet, à
l'Exposition de Delacroix, etc., sans jamais se lasser de répondre à toutes les explications que l'étranger lui demande.
« Il m'a fait entendre que, pour moi, je ne faisais rien d'assez
achevé. Cela est vrai, je le sens bien, mais je le sens : on ne
doit faire que comme l'on peut. Je suis trop irritable, trop
changeant, mais j'aurai peut-être les bénéfices de mon orga-
nisation. On ne se refait pas[1]. »

Bref, lorsqu'il eut fini de flâner, de courir Paris en tout
sens, allant chez Manet où il dîne avec Bracquemond, Cordier
et Duranty, puis chez ce dernier, où il parle en exalté et se
rend compte qu'on doit le croire « un peu fou », il se remet
au travail, il entreprend un grand tableau où il groupe des
amis, pensant faire ainsi le pendant de son *Hommage à
Delacroix*, un tableau que Whistler, tout heureux d'y figurer
au premier plan, en costume japonais, déclarait d'avance
splendide, un tableau : *le Toast*, qui causa au peintre une peine
infinie et dont il fut si mal satisfait, quand il le vit au Salon
de 1865, qu'il le détruisit sur l'heure et n'en conserva que de
modestes fragments. « Voilà à la pendule minuit qui sonne,
avait-il écrit à ses amis de Sunbury le 31 décembre 1864.
Allons! voilà 64 fini, fini! 1865, 1865 ; que diable qu'est-ce

---

1. Lettre à Edwards, du 27 novembre 1864.

que cela va être que 1865 pour nous? Cela me remue beaucoup. J'ai écouté et compté les douze coups à la pendule et
je me suis dit : Ouf, ça y est, c'est fini! Eh bien! quoi 65?
Oh! que cela me fait de mal l'anxiété de cette année, cette
Exposition, ce travail effrayant à faire! Oh! que je suis
fatigué! Enfin, c'est la fatalité... » Mais, en somme, l'année
1865, qu'il paraissait tant redouter, ne lui avait pas été trop
défavorable puisqu'il avait eu un tableau considérable
admis au Salon et qu'après tout c'est lui qui s'était montré
très sévère envers lui-même au lieu que ce fussent les jurés
officiels.

Un instant il avait cru qu'il lui serait loisible de retourner cette année-là en Angleterre, et il projetait de faire un
tableau où ses hôtes et des amis poseraient en plein air,
déjeunant sur l'herbe, un tableau qu'il intitulerait *le Pique-
Nique* et qu'il signerait de *Sunbury-on-Thames*, tant le souvenir de Sunbury le charmait, le faisait pleurer même en entendant Mme Manet jouer une sonate de Beethoven comme
Mme Edwards le faisait à Sunbury, par un beau soir d'été qui
lui rappelait les soirées anglaises. Il aurait tenu à faire un
grand tableau de ce genre pour se relever de l'échec du *Toast*,
pour ne pas atteindre en flâneur sa trentième année qui
approchait : « Des figures en plein air sur le vert, comme
on pourrait faire une belle chose! » écrivait-il au printemps
de 1865; ou encore : « Savez-vous que cela ferait très bien à
Paris, un tableau anglais? » Mais il ne fut pas libre de
quitter Paris, et du reste, la difficulté de travailler en plein
air, avec le soleil, les nuages, le temps qui change, l'aurait

UN MORCEAU DE SCHUMANN

Eau-forte originale (1864).

sûrement détourné d'entreprendre ce tableau, car, comme il
le dit à Edwards, « il a horreur des mouvements, des scènes
animées, il voudrait toujours faire des portraits, des personnages les uns à côté des autres, pour faire le mieux possible
des études de têtes, de mains, de plis d'étoffe[1] ».

Cette idée d'un groupe le hantait pourtant toujours et
c'est sa propre famille qu'il parlait un peu plus tard de peindre, en y joignant Edwards qui avait accepté de venir poser,
« quoique le Salon, ajoutait-il, n'eût plus le don de l'intéresser »; mais à la réflexion, la sagesse l'emporte, il renonce
à ce grand projet et se résout à faire de simples natures mortes
et des études, très sûr qu'il est, dit-il, qu'en continuant de travailler encore pour apprendre et par amour de l'art, il réussira
à vivre tranquillement, à son aise, en se fortifiant de jour en
jour dans la technique de son art. Et c'est ainsi qu'au lieu d'une
grande scène il envoya au Salon qui allait s'ouvrir des fleurs
et des fruits qu'il vendit par la suite en Angleterre, plus un
portrait de sa sœur lisant qu'il ne traita pas moins sévèrement
que *le Toast*. Il était décidément dans une période d'énervement,
encore que ses deux tableaux eussent été bien placés, et écrivait à Edwards, peu après l'ouverture du Salon : « Je suis
resté quelque temps à songer sur ce qui s'était passé là-bas,
aux opinions, aux critiques. Plein de mépris pour tout[2], puis
me disant que cela est ainsi, qu'il ne faut pas s'occuper
d'autre chose que de peindre; la misanthropie la plus grande.

1. Lettre du 26 juin 1865.
2. « Pour tout » est bientôt dit, mais c'était trop dire, car il excepte aussitôt de ce mépris général Courbet, Corot, Millet, Rousseau, etc.

Je ne sais si c’est la maladie qui vient, mais je suis dégoûté de tout, je me sens personnel, seul de mon opinion[1]... »

Cependant l’heure approchait où Fantin allait renverser la fragile barrière qui le séparait encore du monde. Ne s’avisa-t-il pas, par une sorte de défi aux jurés comme au public, de peindre, pour envoyer au Salon de 1867, le portrait de ce peintre dont les œuvres provoquaient chaque année ou les colères du jury ou les éclats de rire de la foule, le portrait de ce Manet qui, l’année précédente, avait encore vu ses deux tableaux refusés, dont un fifre des voltigeurs de la garde impériale que Fantin jugeait « très bien, simple, très franc et très agréable » ? Or, ce portrait, merveilleusement peint, d’un homme élégant de sa personne et dont la tenue et le physique contrastaient avec l’idée que les nigauds avaient dû se faire de lui d’après ses tableaux, excita la curiosité générale et fut un des succès du Salon. Que les choses avaient changé en deux ans, depuis le jour où Fantin écrivait à Edwards à propos du *Toast :* « Je n’ai jamais eu autant de gens s’occupant de moi : ce sont des méchancetés inouïes partout, par exemple! Grâce à mon sujet et au portrait de Manet dedans. Nous sommes toujours ensemble : on est plus violent pour lui, mais plus méchant pour moi! » Cette fois-ci, ils se présentaient encore de compagnie, mais les méchancetés avaient cessé ; les compliments commençaient et tel fut l’effet produit par ce portrait que Fantin reçut presque sur l’heure des propositions tout à fait inespérées.

1. Lettre du 14 mai 1866.

Par son camarade, un peu plus âgé que lui, l'estimable peintre de chasses, comte Albert de Balleroy, qui figure dans l'*Hommage à Delacroix*, il s'était trouvé en rapport au Louvre avec la duchesse de Fitz-James qui cultivait également la peinture, et celle-ci lui demanda de composer un tableau des plus considérables. « La vie prend un tout autre aspect, écrivait-il à Edwards le 28 août 1867. J'ai le bonheur d'avoir dans ce moment du travail et des chances d'en avoir dans l'avenir. Je viens de l'Anjou, du château de M. de Fitz-James[1], dont j'ai fait ici la femme et les quatre enfants. J'ai été là-bas quatre jours pour disposer un tableau qui doit représenter sa mère et ses quinze petits-enfants autour d'elle, un tableau dans la donnée de celui de *Delacroix*. Au lieu de mes camarades, ce sont tous ses petits-enfants, depuis l'âge de deux ans jusqu'à vingt ans. J'ai petits garçons et petites filles, demoiselles, jeunes gens, et beaucoup sont charmants ; puis, comme personnages, ce sont les plus grands noms de la noblesse : la duchesse douairière de Fitz-James, les deux enfants du baron de Charette, qui commande les zouaves pontificaux (il est descendant du célèbre Vendéen), les cinq enfants du comte de Biron, les quatre du duc de Salviati, grande famille italienne, et les quatre à refaire du duc de Fitz-James. Voyez, est-ce étonnant d'être lancé dans ce monde-là ! Je me demande comment, je n'y comprends rien. Tout cela provient du *Portrait de Manet...* »

Mais ce grand tableau, déjà préparé, ne reçut jamais de

---

[1]. Le château de la Lorie, près de Segré.

commencement d'exécution, et le peintre qui se promettait de
redoubler d'efforts pour surmonter les difficultés d'une pareille
tâche, qui se sentait du reste en verve après avoir passé deux
grands mois à faire des portraits, n'eut pas l'occasion de se
distinguer « en allant toujours au vrai » pour réagir contre
tout ce qui lui paraissait faux dans ce temps-là. C'est lui qui
recula devant cette grosse besogne, effrayé qu'il était d'avoir
à faire poser tant d'adolescents et de bambins qui auraient
été d'assez mauvais modèles, et il donne très nettement
les raisons de son refus dans la lettre qu'il écrivit alors à la
duchesse douairière de Fitz-James : « M'étant convaincu de
la très grande difficulté du tableau que je devais faire de vos
petits-enfants, je me vois forcé de renoncer à mon entreprise,
sentant la tâche au-dessus de mes forces. Dans un moment
aussi important pour ma réputation, je craindrais de ne pas
réussir ce tableau, ce qui me ferait le plus grand tort pour
l'avenir. Après mon voyage à la Lorie et à Fontenay, j'ai
reconnu l'impossibilité d'une pareille œuvre, surtout à cause
du nombre d'enfants et de la difficulté de les faire poser... »

Whistler, hélas! avait parlé trop vite lorsqu'il avait dit à
son ami : « Je regrette bien que tu ne puisses venir me faire
une visite; seulement la cause fait que je t'en félicite. Te
voilà maintenant vraiment lancé dans le grand monde. Bravo!
mon cher, j'en suis très heureux, et je suis sûr que le tableau
que tu vas faire et dont tu me parles sera une bien belle
chose. Envoie-moi un croquis dès que tu l'auras arrangé! »

Les seules toiles que Fantin termina de ce côté, dès l'été de
1867, sont le portrait de la duchesse Édouard de Fitz-James et

PROJET POUR LE GROUPE DE LA FAMILLE DE FITZ-JAMES, NON EXÉCUTÉ,

Fait au château de la Lorie, en 1867.

Dessin tiré d'un album de croquis du peintre, au Musée du Luxembourg.

ceux de ses deux jeunes fils, de ses deux jeunes filles. Après
le château de la Lorie, un autre château s'ouvrit devant lui,
celui de Fontenay-Trésigny, en Seine-et-Marne, où la comtesse
de Biron, belle-sœur de la duchesse de Fitz-James, pria
Fantin de venir ébaucher le portrait de sa propre fille, afin
de le terminer ensuite à Paris; et ce court séjour dans la Brie
lui fut presque plus avantageux que sa longue station dans
l'Anjou, puisqu'en plus du portrait de Mlle Marguerite de Biron,
qu'il se vit contraint de ne pas exposer, il recueillit là plusieurs commandes de portraits qu'il exécuta par la suite : ceux
de Mme de La Panouse, de Mme de Chaubry, de Mlle Demachy
et de son jeune frère, des deux MM. de Bonneval... Au fond,
Whistler ne voyait-il pas juste lorsque, vers la même époque
il écrivait joyeusement à son ami : « Nous deux, nous pre-
nons les devants. C'est comme aux grandes courses, comme
au Derby. C'est le pur sang qui gagne! Je crois que nous
pouvons maintenant en être sûrs. Le champ est à nous » ?

*
* *

Non, Whistler ne se trompait pas en poussant ce cri de joie
dans un accès de franchise et d'amour-propre; mais Fantin
était plus réfléchi, plus modeste aussi. Pour lui, entre eux
tous, les peintres indépendants, qui s'appelaient alors les *réa-
listes,* qui s'appelleront plus tard les *impressionnistes,* en révolte
contre la règle académique ou les lois de la mode, il n'y avait
pas de chef; il n'y avait que des camarades réunis par leurs
idées d'indépendance, mais bataillant chacun à sa manière, en

toute liberté d'action, sans se ranger sous aucune bannière, fût-ce celle de Courbet, car Fantin, tout en rendant hommage aux puissantes qualités du peintre, n'avait pas pu demeurer plus d'un mois dans l'atelier du maître d'Ornans. Et jamais l'idée qu'il pût y avoir un chef parmi eux ne le choquait davantage que lorsqu'on prétendait l'affubler, lui, de ce titre, comme Legros avait essayé de le faire : « A propos du chef d'école, c'est comique, écrit-il à Edwards, le 2 janvier 1867. Voilà bien les histoires de Legros; voilà près de deux ou trois ans qu'il dit la même chose. Je lui ai dit ceci à Paris, à son dernier voyage : « Voyons, c'est bête; c'est un titre que le « public donne, on ne le prend pas; aujourd'hui, c'est Manet « que l'opinion prend pour le chef, et c'est en effet celui qui a « le plus occupé les masses. » A ce compte-là, et s'il avait suffi de ne pas fuir le tapage et de violenter le public pour obtenir un titre dont Fantin ne voulait absolument pas pour lui-même, est-ce qu'à son défaut Whistler n'aurait pas pu, sinon l'accaparer, du moins le partager avec l'auteur de *Lola de Valence?*

Fantin n'avait donc pu rien envoyer au Salon de 1868; c'était, comme il le dit avec philosophie, une année de perdue à rattraper; il s'y employait de toutes ses forces, mais sans ligne de conduite bien arrêtée, et quoiqu'il fît de belles protestations dans ses lettres, affirmant qu'il considérait tout le temps passé comme une école : école d'étude d'art, école d'après nature, école de l'espèce humaine, — c'est de celle-là, disait-il, qu'il était le plus dégoûté; — quoiqu'il déclarât rester à la fois « l'étudiant des œuvres du passé, au Louvre, et l'écolier de la nature », il travaillait d'une façon incertaine et

n'arrivait pas à se contenter lui-même, car il réserva le même
sort aux deux toiles peintes pour le Salon de 1869. Il détruisit
aussi bien *le Lever,* qui avait été admis et représentait une
femme s'éveillant, entourée de servantes empressées à la parer
sous les rayons du soleil levant, que le tableau : *Reflets
d'Orient,* qui avait été refusé et montrait Schumann rêvant aux
délicieux morceaux de piano qu'il intitula de la sorte. « Derrière lui et autour de lui je montre au spectateur les caprices
de son rêve : c'est le reflet d'Orient. Dans le vague on voit
un intérieur de harem où dansent des almées, intérieur éclairé
par des lanternes; autour de l'almée, des femmes font de la
musique. Par une fenêtre entre un rayon de lune qui vient
mêler sa lumière blanche et bleue aux lumières rose doré des
lanternes; c'est un fond très vaporeux où se combinent le bleu
et le rose doré, couleurs qui me semblent très propres au
poétique de la scène. Entreprise difficile. Que voulez-vous?
Je sens que je suis dans mon chemin; je sens en travaillant
que peu m'importe l'opinion et tout le reste. *Je me fais plaisir*[1]... » Finalement, de toute cette scène, amoureusement
combinée, il ne conserva que deux figures découpées qu'il inti-
tulait l'une *l'Aurore,* l'autre *la Nuit,* et dont il fit cadeau par la
suite à son ami Edmond Maître. Triste année, en somme, que
cette année-là et où le sort semblait narguer le jeune peintre :
ne découvrait-il pas au Salon, sous une signature inconnue
de lui, certain tableau de renoncules qu'il avait donné autrefois à un camarade et qui figurait là en meilleure place que
son propre envoi, relégué sous les frises?

1. Lettre à Edwards, du 21 mars 1869.

Aussi quel découragement perce alors dans ses lettres! « Je travaille pourtant beaucoup, même trop; j'ai constamment des rages de travail et je n'avance à rien. Depuis le printemps, j'ai fait beaucoup de natures mortes; je vais en même temps au Louvre et tout cela ne mène à rien de sérieux : une commande de temps en temps, à peine de quoi vivre. Si je n'étais incapable de faire autre chose, je renoncerais. Le Salon dernier a été pitoyable : un tableau refusé; l'autre est entré par pitié, placé tout en haut et a excité la critique générale. Les gens les mieux disposés pour moi n'osaient pas m'en parler. Pensez, quand ces deux tableaux sont rentrés chez moi, combien ils étaient tristes à voir. L'auteur a tant de raisons pour découvrir des défauts en plus de tous ceux qu'on lui montre ! Il faut être bien certain que c'est encore le seul travail qu'on peut faire, pour continuer[1]. » Encore un effort, et les choses allaient complètement changer de face: en envoyant au Salon de 1870 une grande toile où il avait représenté Manet travaillant au milieu d'amis qui le regardent peindre, Fantin allait retrouver, plus général encore et presque sans restriction, le succès qu'il avait obtenu trois ans plus tôt, avec le portrait du même peintre. Et lui-même en avait le secret pressentiment lorsqu'il écrivait à Edwards, dès le 7 avril : « Que ce serait agréable, dites-moi, de venir voir ensemble notre Exposition, car au fond (je n'ose pas trop le dire, ayant peu de chance), il me semble que mes efforts, cette année, devront être remarqués! Si cela n'était pas, je serais très malheureux. »

1. Lettre à Edwards, du 14 septembre 1869.

LE JUGEMENT DE PÀRIS

Dessin au crayon, replique plus poussée du croquis fait au château de Fontenay-Trésigny
le 12 Novembre 1867.
Tiré d'un album de croquis du peintre, au Musée du Luxembourg.

Mais si cet *Atelier aux Batignolles,* par ses dimensions et
les personnages mis en scène, attirait davantage l'attention
du public, l'autre tableau envoyé par Fantin au Salon de 1870,
la Lecture, où figuraient sa future femme et sa future belle-
sœur, n'était pas moins apprécié des connaisseurs, de ceux-
là mêmes qui l'avaient combattu jusqu'alors, comme l'écrit
l'artiste, tout étourdi par une réussite qui dépassait ses espérances. Finalement, la troisième médaille qui lui fut alors
accordée par le jury devait récompenser indistinctement l'une
et l'autre de ces deux toiles; mais la mention n'en fut accrochée que sur la plus petite et la moins bien placée : *la Lecture,* comme si les jurés eussent gardé rancune à leur justi-
ciable d'avoir encore choisi Manet pour personnage principal
de son grand tableau.

C'est enfin la vogue assurée pour le peintre et les commandes semblent devoir affluer, lorsque la guerre éclate entre
la France et l'Allemagne et remet tout en question. « J'étais
en train de concevoir de grands projets pour le Salon, et voilà
tout arrêté, l'argent manque, les commandes aussi... » écrivait Fantin à Edwards le 30 juillet, avant même que n'eussent
commencé nos désastres, mais en témoignant déjà de cette sainte
horreur de la guerre qu'il semblait avoir héritée de son grand-
père, le colonel d'artillerie. « Adieu, mon cher Edwards; je
vous prie de présenter mes respects à Madame; dites-lui combien je serais désireux de lui entendre jouer ces sonates de
Beethoven. Qui sait, avec les événements, si je ne serai pas
obligé de chercher un refuge en Angleterre? L'avenir[1]?... »

1. Lettre du 30 juillet 1870.

Non, il ne chercha pas de refuge en Angleterre et passa tout
le temps du siège à **Paris**, à côté de son père, mais dans la
situation la plus pénible, obligé de rester couché par les froids
les plus rigoureux pour ne pas geler dans sa chambre sans feu
et travaillant toujours, tantôt dessinant dans son lit en se
prenant lui-même pour modèle, tantôt peignant de mémoire
ou d'inspiration... Enfin, la guerre est finie et la Commune
n'est pas encore proclamée. Au commencement de mars,
Fantin voit arriver son ami **Edwards**, comme une providence.
En trouvant là tant d'esquisses, de fleurs, de natures mortes,
le *barrister* anglais, à qui la suppression et le rachat de sa
charge d'avoué de la marine laissaient le champ libre, devina
qu'il y avait un coup de fortune à tenter : il débarrassa
le peintre de toutes ces toiles qui l'encombraient, les dirigea
sur Londres et entreprit de les vendre à des amateurs
anglais.

L'affaire dut tourner assez vite selon les vœux d'Edwards,
car moins de trois mois après, il proposait à Fantin d'acquérir
également l'*Atelier aux Batignolles,* et c'était là une véritable
aubaine pour le jeune peintre qui ne pouvait absolument
pas suffire à ses charges de famille. « J'accepte avec grand
plaisir, disait-il à son ami le 6 juin 1871, au lendemain de
la Commune; j'accepte avec grand plaisir; vous me tirez
littéralement de la peine; cela me remettra complètement et
me sortira de toutes les difficultés du moment : je serai en
mesure, non seulement pour la vie de chaque jour, mais
encore je pourrai payer les cinq loyers que j'ai en arrière et
la pension de ma sœur qui est dans une maison de santé. Je

ne saurais trop vous remercier; je vous devrai beaucoup de me tirer de là. » Et de même qu'il s'était senti comme à bout de forces, comme écrasé sous les coups réitérés des événements, de même, aussitôt qu'il se voit débarrassé des inquiétudes pour l'avenir, il reprend courage et retrouve sa belle ardeur au travail. « Il faut bien espérer, disait-il dans la même lettre, que l'avenir sera plus calme et que Paris pourra reprendre un peu d'activité. Vous savez que c'est ici qu'il faut que je me fasse une position, et j'y ai déjà tellement lutté! Au prochain Salon, je veux me présenter avec un tableau important, on doit pouvoir prendre sa place... Pour les choses de la vie, je suis bien décidé. Qu'est-ce que le temps? Rien. L'avenir est à moi, il me faut seulement passer quelques jours difficiles. Il y aura encore des jours pour la peinture en France, et je les veux à moi. »

Quelle grande place tiendront désormais dans la vie de Fantin ces amis d'Angleterre qui n'étaient pas seulement des gens à l'esprit pratique et de bon conseil, mais qui, par leur sens des affaires, surent aussi le servir et guider dans la partie matérielle de son existence! En effet, non seulement il s'ouvrait à M. et Mme Edwards de ses projets, leur communiquant ses idées, leur envoyant même des croquis de ses tableaux futurs; mais il s'en remettait à eux de la défense de ses intérêts, les consultait pour tout ce qui le touchait, fût-ce ailleurs qu'en Angleterre, et c'est grâce à leurs soins prévoyants qu'il pourra mener une vie tranquille et travailler à sa guise tandis qu'eux s'occuperont de placer maintes toiles de lui, vite appréciées au delà de la Manche.

Comment donc Fantin, qui peignait pour les Expositions de grands tableaux qui ne se vendaient pas et des portraits pour lesquels il demandait une rétribution dérisoire, aurait-il pu vivre s'il n'avait pas eu une petite réserve que ses amis de Londres lui constituaient par la vente de ses tableaux, ces admirables tableaux de fleurs que presque personne ne connaissait en France, qu'il expédiait directement en Angleterre, après la belle saison, et que les acheteurs attendaient là-bas avec impatience? Ainsi arriva-t-il que ces toiles éblouissantes de vie et de fraîcheur aient presque toutes échappé aux amateurs français, qui ne s'en seraient guère souciés peut-être, et qu'elles aient causé une surprise à peu près générale lorsque, reparaissant en nombre à l'Exposition rétrospective de l'œuvre du peintre, elles éclatèrent comme un feu d'artifice aux yeux du public émerveillé [1].

1. Chose particulière : Fantin qui a peint de si nombreux tableaux de fleurs, n'a jamais fait qu'une seule lithographie représentant des fleurs, ce fameux *Bouquet de roses* (n° 26 du Catalogue Hédiard), qui fut exposé au Salon de 1880 et que Fantin donnait aimablement, comme il faisait de toutes ses lithographies en ce temps-là, à quiconque manifestait le désir de l'avoir, même sans être personnellement connu de lui. C'est cette pièce unique en son genre et comparable, moins la couleur, aux plus jolis tableaux de fleurs que le peintre ait brossés (ce *Bouquet de roses*, du reste, avait été d'abord peint à l'huile par Fantin), qui a monté si rapidement de prix en vente publique et qui, après avoir été cotée 21 francs, pas davantage, à la vente Aglaüs Bouvenne, en novembre 1894, puis 185 francs à la vente van Wisselingh, à Londres, au commencement de 1904, et, très peu après, 325 francs, à la vente Barrion à Paris, a brusquement sauté à 680 francs, à la vente Hédiard, au mois de novembre de la même année, puis à 960 francs, sans les frais, à la vente Gerbeau, en mai 1908. Il s'agit là d'une des épreuves du 2ᵉ état, tiré à 50 épreuves : qu'est-ce que vaudrait donc une des sept ou huit épreuves du 1ᵉʳ état?

BOUQUET DE ROSES

Lithographie originale 1880.

Dimanche-soir 20 Avril 1873.

Mon cher Edwards ne vous réjouissez
pas trop; je ne suis pas encore aussi
décidé que vous pensez d'aller à Londres,
c'est une chose qui me passe par la tête
comme une distraction que je veux
(ou voudrais) me donner; je ne sais
bien encore si je dois y aller, c'est plus
tôt un conseil que je vous demandais
une idée que je vous soumettais, dois
je perdre mon temps en ce moment, est
ce que cela me fera du bien au physique
et au moral? J'ai bien envie de voir
le Salon Anglais, vous ne sauriez croire
combien votre Art est intéressant pour
moi. Une promenade à National
Gallery, au British Muséum. Je redoute
par exemple de rencontrer les personnes
que j'y connais, les Cancans, les Brouilles
et visites m'ennuient beaucoup.
Mon séjour serait de 8 jours mais
pas plus de 15 jours. Sans rien y
ajouter, le Salon ici ouvre le 5 mai
et je ne peux penser à partir avant

le 10 Mai au 15 à peu près. Notre
salon ici fait beaucoup de bruit
il y a des refusés en quantité, on
n'entend que cela. Au premier
jugement ma nature morte a été
refusée ce n'est qu'à la révision que
j'ai été complètement reçu — Et j'ai
été bien heureux, car vous ne vous
imaginez pas ce qu'il y a de refusés
Manet aussi a été comme moi.
ce n'est qu'à la révision que son second
tableau a été reçu et celui qui
a fait difficulté a été un de ses
meilleurs. c'est cette jeune femme
assise les bras étendus sur un divan
que vous avez vu chez des Champs
Je crois qu'à excepté nous deux tout
notre monde a été refusé. Cela
m'enrage et j'ai bien envie de
travailler. Il faut combattre encore
quel dommage que je ne puisse faire
partager mon envie de lutter et
de battre toutes ces bêtes. Mais
ma génération est lâche et cela
n'aboutira pas. on est las

Est ce bien le moment d'aller
flâner et m'amuser à Londres ?
qu'en dites vous ?
Je relis vos deux lettres pour
y répondre —
Ainsi ce que c'est. déménager
Calzepur n'est donc plus suffisant.
Vous avez des grands projets. allons
nous causer à Paris ! Ma nature
morte est à vous c'est entendu,
du reste après son czézee il est
probable que Durand-Ruel ne
soit pas en être désireux —
Je ne suis pas du tout de votre
avis quand à votre idée que cela
ne fait rien que le tableau soit
joli ou laid, qu'il n'y a que l'envie
de l'Amateur qui soit utile —
Oh ! non cela ne peut durer, si
le tableau n'est pas bon. On
attrappe l'Amateur mais cela
ne tarde pas à se voir, cela
est certain attendu tout est là

si c'est bon. rien ne prévaut
la devant. Vous m'avez bien
étonné en vous voyant si
content de mon dernier envoi
c'était peu de chose, c'était un
envoi parce que vous en demandiez
un. mais c'est mieux que tout
cela ce que je veux afaire main-
=tenant, ne perdons pas le succès
m'dit succés oblige, je sens bien
cela. le prix de la Vénus et
l'Amour et celui des croquis[ses]
ordinaires comme la femme nue
de dos 40 francs; le jour ou cela
se vend nous partageans voila
nos conditions. n'y changeons rien
Maître me charge de bien des
choses pour vous et se rappelle
bien. Veuillez dire bien des choses
a Madame de ma part quelle
peine elle doit se donner avec
tout cela! n'est ce pas? Adieu
Ecrivez moi avant votre quinqui[?]

PORTRAIT DE MME FANTIN-LATOUR

Salon de 1877. — A Mme Fantin-Latour.

Mais revenons à l'année 1872. Fantin, dans son atelier ainsi débarrassé de tant d'esquisses et d'études qui s'y étaient accumulées depuis des années, se sentait l'esprit plus libre : à peu près délivré de tout souci matériel immédiat, il rêvait de frapper un coup comparable à celui qu'avait produit l'*Atelier aux Batignolles* et décida de composer pour le premier Salon qui dût s'ouvrir après « l'Année terrible », une autre grande toile à personnages, où figureraient surtout des poètes, de jeunes écrivains habitués du passage Choiseul et de la librairie Lemerre. *Un Coin de table*, tel était le titre de ce tableau qui n'eut pas, tant s'en faut, un succès comparable à celui de l'*Atelier*, qui fut accueilli par de nombreuses plaisanteries traduisant les dispositions peu favorables du public, mais qui fut quand même immédiatement acheté par un jeune amateur anglais. A dater de ce jour, cependant, l'horizon s'éclaircit singulièrement devant Fantin. En 1873, il envoie au Salon deux toiles qui sont également appréciées : d'abord un portrait de femme lisant, qui n'est autre que celui de sa future femme; ensuite une nature morte : *Coin de table*, sorte d'étude préparatoire pour le précédent tableau portant le même titre et qui fut, après la mort du peintre, une des toiles les plus regardées à l'Exposition de l'École des Beaux-Arts.

Au Salon de 1874, il n'expose que des *Fleurs et objets divers;* mais il se rattrape l'année suivante en envoyant deux tableaux qui consolident sa réputation naissante et dont l'un, le double portrait de M. et Mme Edwards, fut vite classé parmi ses plus célèbres, tandis que l'autre, le portrait de Mlle E. Crowe, très goûté par les gens du métier, avait beau-

coup moins frappé les visiteurs ordinaires : une seconde médaille fut la consécration de ce double succès que le père du
peintre ne put pas connaître, car le vieillard, très affaibli depuis
quelque temps, s'était éteint à la veille de l'ouverture du Salon
de peinture. « Tous les succès, même *la médaille,* écrivait
Fantin à Edwards le 26 mai 1875. Me voilà *hors concours* et
les jurys ne se mêleront plus de mes affaires; cela est vraiment singulier, ce succès!... Je suis bien étonné que vous
n'ayez rien; il me semblait que c'était votre tour, mais c'est
que vous êtes étranger. Mais Lhermitte, cela est étonnant :
il n'est pas étranger. Enfin la justice des hommes... » En
deux ou trois ans, Fantin avait donc gagné beaucoup de
terrain; il se sentait désormais sûr de lui, ne comptait plus
que de timides adversaires, qui faiblissaient de jour en jour,
et n'avait qu'à marcher droit devant lui. Dans ces conditions-
là, quel plaisir ce dut être pour lui que de faire, à l'automne
de 1875, une tournée en Belgique et en Hollande où l'accom-
pagnaient son ami Edwards et M. et Mlle Dubourg en qui, par
élan réciproque du cœur et de l'intelligence, il allait trouver la
femme prédestinée à porter son nom! Comme il était loin —
heureusement pour lui — du temps où il écrivait à Edwards :
« Si je me mariais? Non. La femme n'est pas pour moi; je la
rendrais trop malheureuse[1]! »

Mais la fin de cette année-là lui réservait encore une rare
jouissance : il allait entendre exécuter pour la première fois
en entier le *Roméo et Juliette* de Berlioz, dont il n'avait pu con-

1. Lettre du 3 février 1865.

naître encore que des fragments épars aux Concerts populaires
de Pasdeloup, et l'impression qu'il ressentit aux Concerts du
Châtelet fut si profonde qu'immédiatement il sentit le besoin
d'épancher son admiration débordante. Il avait tout de suite
brossé une esquisse, tracé un dessin, préparé une lithographie dont le sujet était toujours le même, où il se représentait, lui, le peintre, apportant une couronne au pied d'un
monument devant lequel se tient la Muse de l'histoire en
deuil, autour duquel se groupent ou pleurent les héroïnes
célébrées par Berlioz. Cependant, une petite esquisse ou une
simple lithographie ne suffisaient pas à traduire son enthousiasme : il prenait une grande toile, y transportait les mêmes
personnages en grandeur naturelle, et envoyait au Salon de
1876 ce tableau considérable, dont le caractère allégorique,
le titre un peu vague : *l'Anniversaire* et aussi l'inscription
tracée sur le monument : *A Berlioz,* ne furent pas sans inquié-
ter le jury et troubler les visiteurs du Salon qui n'étaient
encore, ni les uns, ni les autres, ralliés à Berlioz et s'éton-
naient qu'on pût lui rendre un tel hommage. Aussi, cette
toile, en signe de désapprobation qui s'adressait peut-être
autant au compositeur qu'au peintre, fut-elle accrochée au
plus haut des murs du Palais de l'Industrie et ne valut-elle à
l'auteur, de la part des meilleurs juges, que des compliments
peu nombreux, perdus au milieu de restrictions ou de
franches critiques formulées par nombre de gens qui n'étaient
pas fâchés de faire payer ses récents succès au jeune peintre.
Et si la voix d'un ami lui dut être agréable à entendre dans
un tel conflit de blâmes et d'éloges, ce fut sûrement celle de

Léon Valade, le délicat poète, un des convives du *Coin de table*, qui accorda son luth et adressa vite à Fantin le joli sonnet que voici :

> Sur la tombe où tu viens, Muse de l'harmonie,
> Pleurer ! — vois : consolant ta muette langueur,
> Un groupe lumineux chante et rayonne en chœur,
> Fait des créations vivantes du génie.
>
> C'est Didon, soupirant sa jalouse agonie,
> Marguerite, l'enfance adorable du cœur,
> Juliette, jetée au bras de son vainqueur
> Par le premier amour plein d'extase infinie...
>
> La froide Mort a pris le fils d'Orphée en vain :
> Le bon peintre, dévot au maëstro divin,
> S'isole au premier plan dans une pose austère ;
>
> Et cette vision, ce rêve glorieux
> Du triomphe posthume emplit l'âme et les yeux
> Pensivement baissés du pieux donataire.

*
* *

Ce n'est pas seulement Berlioz qui fondit sur Fantin et le terrassa d'admiration en cette année 1876, Berlioz, dont il avait religieusement écouté *les Troyens à Carthage*, au Théâtre-Lyrique, quelque treize ans auparavant ; c'est également Wagner dont il s'était déclaré l'ardent défenseur d'après ce qu'il avait pu entendre de lui dans les concerts, mais de qui il n'avait jamais vu un drame entier se dérouler à la scène, avec toute la pompe décorative et tout l'appareil théâ-

L'ANNIVERSAIRE

Salon de 1896. — Musée de Grenoble.

tral que demandaient ces créations de génie. Et, tout à coup,
par l'heureuse entremise d'un ami qui lui offre un billet
disponible, il se trouve transporté en pleine Bavière, au pied
de la colline où le théâtre érigé spécialement pour la représentation de *l'Anneau du Nibelung* vient d'être inauguré ; il
assiste lui-même à la troisième série de ces fêtes mémo-
rables et en rapporte des impressions tellement vives, des
souvenirs tellement précieux, qu'il en parlait encore avec
émotion de longues années après. Et devant Wagner comme
en face de Berlioz, comme en face de Schumann, — « Schumann est avec Wagner la musique de l'avenir », écrivait-il à
ses parents dès 1864, — il faut que son enthousiasme éclate
aux yeux de tous, par des créations pour lesquelles il fait
appel tour à tour au crayon de couleur, au crayon lithographique, enfin à ses pinceaux.

De ce jour-là, par suite de la double commotion qu'il a
ressentie, le poète qui sommeillait en lui va se manifester ;
le poète, enflammé d'admiration, va donner libre cours à
son imagination créatrice, en puisant dans les chefs-d'œuvre
de la musique nombre de scènes allégoriques, dramatiques
ou fantastiques, celles pour lesquelles, plus tard, il marquera
peut-être les préférences les plus vives, parce qu'elles auront
jailli tout entières de son cerveau sans qu'il ait eu besoin
d'aucun modèle ni d'aucune aide extérieure. Est-ce que
ce ne fut pas là, somme toute, et sous le coup d'une influence du dehors, l'explosion de désirs qu'il sentait bouil-
lonner en lui depuis des années et qu'il laissait percer dès
1869, dans une lettre à Edwards : « Je fais toujours des

natures mortes, mais mon *moi*, que je découvre tous les jours, veut paraître. Plus maintenant d'essais d'enfant. Les esquisses que je faisais depuis longtemps : la *Féerie*, que Whistler a chez lui et que j'exposais aux Refusés en 1863 ; celle de *Tannhæuser*, à l'Exposition de 1864, et bien des esquisses que vous avez pu voir chez Whistler, ou celle de Ridley, que je me rappelle que vous aviez trouvée bien, j'y reviens plus de jour en jour. Depuis deux ans les portraits que j'ai faits m'y ont poussé beaucoup. En face des meilleures choses que j'aie faites, j'avais toujours cet idéal devant moi : faire, représenter avec le plus de réalité possible ces rêves, ces choses qui passent un moment devant les yeux[1]... »?

Le 16 novembre 1876, le mariage de Fantin avec Mlle Victoria Dubourg, qu'il avait connue au Louvre (ne leur était-il pas arrivé de copier ensemble *le Mariage mystique de sainte Catherine*, du Corrège, sans s'adresser un mot?), fut célébré à l'église Saint-Thomas d'Aquin dans la plus stricte intimité, ni Scholderer, ni les Edwards qu'il aurait désiré avoir, n'ayant pu venir. Les deux témoins du peintre étaient naturellement ses deux grands amis : Édouard Manet et Edmond Maître, et ceux de la jeune fille : d'abord un ami de la famille, Paul Hedler, puis le graveur Henri Valentin qui, certain jour, au Louvre, avait présenté le peintre à Mlle Dubourg. A partir de son mariage, l'existence de Fantin, déjà si peu accidentée, se déroula dans un calme absolu, dans le tranquille bonheur qu'il avait prévu et annoncé d'avance à ses amis d'An-

1. Lettre à Edwards, du 21 mars 1869.

gleterre, en les remerciant de leurs vœux : « A moins de choses indépendantes de nous deux, je crois que je vais être heureux; nous nous connaissons et nous convenons très bien[1]. »

Le goût du chez soi, dès lors, l'envahit de plus en plus : toutes les journées passées à l'atelier, à peindre en compagnie de sa femme; quelque sortie hâtive avant le dîner, puis, le soir, la lecture en commun à haute voix ou quelques esquisses, quelques croquis jetés sur des bouts de papier; l'été venu, un séjour de trois mois environ au village de Buré, dans l'Orne, où sa femme avait un petit bien de famille, et tous les ans, l'envoi régulier au Salon de peintures, de pastels, de lithographies, fruits de ce labeur incessant, sans parler des nombreux tableaux de fleurs qu'il fait à la campagne et qu'il expédie tout droit à Londres. Dès l'année suivante, en même temps que ses pastels des *Filles du Rhin* et de la *Scène finale de la Walkyrie* témoignaient de la profonde impression qu'il avait ressentie à Bayreuth, il exposait au Salon un nouveau portrait de sa femme et un groupe : *la Lecture,* où sa belle-sœur figurait avec une amie (ici se place un voyage qu'il fit en Belgique avec sa femme et Mlle Charlotte Dubourg, à l'occasion du centenaire de Rubens); puis il réunissait sur la toile M. et Mme Dubourg, sa femme et sa belle-sœur dans cette admirable *Famille D...,* peu regardée au Salon de 1878, mais mieux appréciée cinq ans plus tard, à l'Exposition des Portraits du siècle; enfin, en 1879, il se mettait en évidence au Palais de l'Industrie avec un groupe qui fut des plus remar-

____

1. Lettre du 13 septembre 1876.

qués : *Dans l'atelier*. Ces succès, se suivant presque sans interruption, ne pouvaient faire autrement que de désigner Fantin pour une distinction que tant d'autres peintres plus jeunes que lui avaient déjà obtenue : le 27 juillet de cette année, il était

Magasin de Deuil. — Mourning orders carried out at a moment's notice by the D(reary) Family.

Magasin de Deuil. — Les commandes sont exécutées sur l'heure par la D(ouloureuse) famille.

Caricature du *Mask*, de Londres, d'après la *Famille D...* (7 juin 1879).

nommé chevalier de la Légion d'honneur et, par une reconnaissance bien naturelle, il choisissait pour son parrain dans l'Ordre celui-là même qui, juste vingt ans plus tôt, avait recueilli ses premiers tableaux refusés par le jury et avait convié le public à les venir voir : le peintre Bonvin.

Les années se suivent et se ressemblent toutes alors dans

LA FAMILLE D*** (DEBOURG)

Salon de 1878. — A Mme Fantin-Latour.

la vie de Fantin, et l'énumération de ses œuvres capitales suffit
à marquer les étapes de cette carrière si sérieusement poursuivie, à l'écart de toute coterie et sans l'ombre d'intrigue.
Voici d'abord la *Scène finale du Rheingold*, du Salon de 1880,
qui, quatre ans plus tard, par le succès qu'elle remporta à
l'Exposition d'Anvers, valut au peintre la décoration de l'Ordre
de Léopold; voici les portraits séparés de Mlle Riesener (1880) et
de Mlle Callimaki-Catargi (1881), les deux modèles qui avaient
déjà posé pour *Dans l'atelier*. Voici cette délicieuse *Brodeuse*,
portrait de la belle-sœur du peintre, toujours en 1881,
l'année même où il obtint pour la lithographie une... mention
honorable et où il faisait avec sa femme un quatrième voyage
en Angleterre. Ensuite arrivent, en 1882, les portraits de
Mme Henry Lerolle et de Mme Léon Maître, plus une étude au
pastel d'après sa belle-sœur; en 1883, un nouveau portrait
sans nom, celui de sa femme, et le pastel de *l'Aurore;* au
Salon triennal de cette même année, son propre portrait, le
dernier de lui qu'il dût faire, et, entre tous ces travaux, sa
nomination de Membre de l'*Institute*, à Londres, dont il se trouva
fort honoré, le 28 février 1883. L'année 1884, par grande
exception, se passa sans nouveau portrait; il expédia au Salon
la *Nuit de printemps,* qui figura cette même année à l'*Institute*
de Londres, comme envoi du nouveau membre, et *l'Étude,*
qui avait paru l'année précédente à l'*Academy;* mais l'année
suivante, il se rattrapait en exposant sa dernière grande toile :
Autour du piano, avec quatre des lithographies qu'il avait
composées pour illustrer le *Richard Wagner* d'un de ses
modèles, tandis qu'il envoyait à l'Exposition d'Anvers, outre

sa *Brodeuse*, un deuxième portrait de Mme Léon Maître, présenté sous le titre, qui n'a jamais varié, de *Rêverie*.

En 1886, il donnait au Salon de Paris, comme peintures, le portrait de M. Léon Maître avec le *Venusberg*, de *Tannhæuser*; puis, en 1887, le portrait de sa belle-sœur, daté de 1882, et celui de l'auteur de ces lignes, qu'il venait de faire; enfin, après *la Damnation de Faust* et *l'Or du Rhin*, exposés en 1888, les derniers portraits qu'il dût consentir à peindre : celui de M. Ricada, accompagné de la toile *Immortalité*, au Salon de 1889, et ceux de Mlle Sonia Yanowski, sa nièce, et de Mme Léopold Gravier, en même temps que le pastel du *Jugement de Pâris*, au Salon de 1890. A partir de ce jour-là, Fantin, comme pour protester contre les éloges qu'on accordait trop exclusivement, selon lui, à ses portraits, n'en fera plus aucun et n'enverra au Salon que des sujets d'imagination, inspirés par la musique, la mythologie ou la fantaisie pure, notamment : *Danses* et *la Tentation de saint Antoine* en 1891 ; *Hélène* et le *Prélude de Lohengrin* en 1892 ; ensuite *le Songe* et *Parsifal*, *l'Aurore*, *les Troyens à Carthage*, les *Baigneuses*, *Vision*, d'après *l'Oberon* de Weber; *la Toilette*, *la Nuit*, une seconde *Tentation de saint Antoine*, *le Lever*, *Andromède*, *Ondine*, encore des *Baigneuses*, ces deux derniers tableaux exposés en 1899. Et ce fut aussi la dernière fois qu'il envoya quelque chose au Salon : après avoir fourni sa part à l'Exposition centennale de 1900 (ce qui lui valut la rosette d'officier de la Légion d'honneur) et s'être donné le malin plaisir de présenter là, en pleine gloire, sa *Féerie*, reléguée en 1863 au Salon des Refusés, il se retira sous sa tente et n'exposa plus jamais rien.

Il n'en travaillait pas moins pour cela; mais ses tableaux allaient directement de la rue des Beaux-Arts à la rue Laffitte, où son ami Tempelaere les montrait aux amateurs et n'était pas long à les vendre. Au surplus, un peu de gloire lui était arrivé sur le tard : l'administration des Beaux-Arts avait racheté en Angleterre et placé au musée du Luxembourg son *Atelier aux Batignolles;* la Ville de Paris acquérait *Hélène et la Tentation de saint Antoine;* la ville de Grenoble réparait la bévue qu'avait commise autrefois l'adjoint préposé aux beaux-arts en dédaignant *l'Anniversaire*, et achetait ce tableau que le peintre avait envoyé à l'Exposition locale de 1899; le musée de Pau acquérait les *Danses* et celui de Bruxelles : *Dans l'atelier* (de 1879), tandis qu'Anvers s'assurait d'un ancien portrait du peintre, daté de 1858; Lyon de *la Lecture* et Berlin du portrait de la femme du peintre, fait en 1883; enfin la haute situation que Fantin avait conquise en Belgique lui valait d'être promu officier dans l'ordre de Léopold, en 1894, après l'Exposition universelle d'Anvers.

Mais en combien d'autres circonstances n'avait-il pas eu lieu d'être satisfait de la tournure que prenaient les choses? Une exposition de ses lithographies, qu'il avait faite à Kensington en 1898, décidait le *British Museum* à acquérir une grande quantité de ses compositions sur pierre; une exposition du même genre, organisée par M. Léonce Bénédite, l'année suivante, au musée du Luxembourg, n'avait pas été moins heureuse et l'avait décidé à donner à ce musée presque toutes ses lithographies; enfin une exposition de ses dessins originaux avait attiré beaucoup de monde chez Tempelaere en 1901 et

lui avait prouvé que ce n'était pas seulement ses peintures que
prisaient et recherchaient les véritables amateurs. Or, le succès
de ces expositions toutes spéciales, et qui ne s'adressaient
pas au grand public, lui avait été particulièrement agréable,
car, en ces dernières années et, comme par un mouvement
naturel de retour sur son passé, il affectionnait particulièrement ces compositions en noir, par où il s'était échappé des
réalités de la vie, où sa fantaisie et son imagination s'étaient
librement épanchées tant que le peintre, admis et classé pour
ses portraits, ne s'était pas senti assez fort, s'il traitait ces
scènes de rêve en couleur, pour les imposer d'abord au jury,
puis au public.

Il avait eu également la chance, en approchant de la fin de
sa vie, de rencontrer deux hommes avec qui il s'était vite
accordé et qui lui avaient marqué un dévouement sans bornes :
l'un, Gustave Tempelaere, dont il avait fait la connaissance à
l'enterrement de Bonvin[1], qui s'était attaché à sa fortune et
était devenu pour lui un véritable ami, d'excellent conseil ;
l'autre, Germain Hédiard, qui, depuis le jour où il s'était présenté timidement chez le peintre afin de l'interroger au sujet
de ses lithographies, n'avait fait que monter dans son estime
et son affection, tant il apportait dans les moindres travaux

[1]. « Je reviens de Saint-Germain, où est mort Bonvin, écrivait-il à Mme Edwards, le 21 décembre 1887. On l'a enterré à midi, là-bas, dans le cimetière du
Pecq, au bas de la terrasse que vous connaissez bien. La cérémonie a été des
plus tristes. Très peu de monde ; rien d'officiel, rien de la direction des
Beaux-Arts. Voilà un des meilleurs peintres de ce temps disparu, et sans que
le monde s'en doute. Et l'on ne fait rien pour ses funérailles ! Pas un mot
de discours !... »

LE PARADIS ET LA PÉRI (DÉBUT)

Lithographie originale (1884).

qu'il entreprenait, outre un goût très prononcé pour l'art lithographique, un esprit très précis, un amour de l'exactitude la
plus minutieuse, qui étaient bien propres à ravir Fantin. Aussi
fut-ce un gros chagrin pour ce dernier de voir disparaître
inopinément celui qui avait dressé un catalogue si clair de
ses lithographies, qui s'apprêtait à le compléter et qui avait
déjà réuni force renseignements très développés pour s'occuper de l'homme et du peintre après avoir scrupuleusement
étudié le lithographe. Peu d'années auparavant, en 1898, Fantin
avait déjà vu partir l'ami qui, sans être peintre et justement
parce qu'il ne maniait pas la brosse, avait peut-être été son
compagnon le plus fidèle et le plus clairvoyant dans la vie, notre
cher Edmond Maître, à qui l'attachaient tant de préférences
communes en peinture, en musique, en littérature, et tant de
souvenirs des années de jeunesse et de combat pour l'art.

Cette double perte avait été très vivement ressentie par
Fantin ; la disparition subite d'Hédiard, en particulier, au mois
de mars 1904, lui avait été des plus sensibles ; mais qui donc
aurait cru que, vigoureux comme il l'était et de santé toujours
égale, il ne survivrait que peu de mois à son zélé commentateur? A l'été de cette même année, il était parti, comme tous
les ans, pour sa campagne de Buré, où il allait chercher le repos
et ses fleurs bien-aimées, et c'est de là qu'il expédiait à
Mme Edwards, le 18 juillet, un court billet où il gémissait de
l'indifférence avec laquelle on avait appris chez nous la mort
du peintre anglais Watts : « Ici, on ne paraît pas se douter du
grand artiste qu'il était! La mort de Lenbach n'a pas eu plus
de retentissement. Drôle de temps ! » Dans les premiers jours

d'août, il avait eu le plaisir de recevoir la visite du fidèle Tempelaere accompagné d'un de ses fils, — une photographie a conservé le souvenir de cette dernière réunion des deux amis, — et quelques semaines après, le matin du 25 août, à l'heure où des amis du voisinage arrivaient pour déjeuner chez lui, Fantin, tout à coup, fut pris d'un très violent malaise et tomba comme foudroyé, dans son jardin, entre les bras de sa femme et de sa belle-sœur.

Mais c'est à Paris qu'il devait dormir son dernier sommeil. Le 1er septembre, ses funérailles étaient célébrées à l'église Saint-Germain-des-Prés, sans honneurs militaires, sans pompe officielle ni étalage de décorations, mais avec la noble sévérité qui convenait pour un artiste si modeste et si simple, atténuée seulement par l'éclat des fleurs, ces fleurs que le peintre aimait tant et qu'il faisait vivre en quelque sorte sur la toile. Après quoi, ses amis et ses admirateurs l'accompagnèrent à sa dernière demeure, au cimetière Montparnasse, où le directeur des Beaux-Arts, M. Henry Marcel, louait avec beaucoup de chaleur et de pénétration l'artiste et l'homme; où le peintre Eugène Carrière saluait brièvement, au nom des artistes, l'aîné, l'ami, le maître qui leur avait indiqué quelle route il convenait de suivre, tout droit, sans défaillance.

CHAPITRE II

GROUPES ET PORTRAITS D'ARTISTES
ET D'HOMMES DE LETTRES

Il y a trente-sept ans environ que je me liai avec Fantin-
Latour, et mes premières rencontres avec un artiste encore
très discuté, mais qu'un de mes amis saluait déjà comme un
des futurs maîtres de la peinture, sont restées aussi pré-
sentes à mon souvenir que si elles dataient d'hier. En 1871,
au lendemain de la Guerre et de la Commune, j'étais dans tout
le feu de mon initiation aux chefs-d'œuvre de Wagner, de
Berlioz, de Schumann, de Brahms, etc. Toutes les soirées que
j'avais de libres, je courais les passer chez un nouvel ami,
que j'avais connu par des camarades travaillant comme lui
dans les bureaux de l'Hôtel de Ville, et là, chez Edmond
Maître, « érudit sans pair, férocement spirituel, cruel à la
bêtise et solide conseil », comme a dit de lui Verlaine, il
m'arrivait constamment de me trouver avec Fantin. Maître
et lui s'étaient connus six ou sept ans plus tôt, au café de
Bade, où se tenaient, autour de Manet, les assises de la jeune
école de peinture, et, vite, ils s'étaient liés de la plus solide

amitié. Le temps des réunions de jeunesse et des discussions
d'art au café avait pris fin ; mais Fantin venait chez son ami
tous les soirs, et, tandis que nous nous installions au piano,
Maître et moi, pour deux ou trois bonnes heures, lui fumait
sans mot dire ou se promenait dans la chambre en mordillant
sa courte moustache, comme s'il se fût ainsi mieux pénétré de
la musique. Aux approches de minuit, nous quittions la rue
Taranne, où demeurait Maître[1], et nous tirions chacun de notre
côté, Fantin vers le Luxembourg ; moi, vers l'Hôtel de Ville...
Ainsi se nouèrent, entre Fantin et moi, sous les auspices du
plus sûr des amis, des relations que le temps n'avait fait que
resserrer, et voilà comment je me suis trouvé connaître à
fond, quitte à l'appuyer encore de mes recherches personnelles,
l'histoire de tant de tableaux dont j'entendis si souvent parler,
en particulier des toiles que j'appellerai « historiques » de
Fantin-Latour.

Mais quels peuvent bien être, allez-vous dire, les tableaux
et portraits historiques d'un peintre qui n'a jamais fait d'histoire ? Eh ! mais tout simplement ceux qui pourront présenter,
dans la suite, un intérêt historique ; ceux où revivront quelques-uns d'entre les contemporains de l'artiste : écrivains,
peintres, musiciens, etc. Les Primitifs, Van Eyck, Memling, etc.,
introduisaient souvent dans leurs tableaux de sainteté des
portraits de seigneurs, supérieurs de couvents ou autres ;
mais ce n'étaient là que des figures accessoires, indépendantes

---

1. Ces maisons de l'ancienne rue Taranne existent encore ; elles forment
les numéros impairs du boulevard Saint-Germain, en arrière de la statue de
Diderot, depuis la rue de Rennes jusqu'à la rue des Saints-Pères.

ANDROMÈDE

Salon de 1898. — A M. Gorjeu.

du sujet principal : simple hommage aux personnes ou aux familles qui les faisaient travailler. Rembrandt, dans ses célèbres *Syndics,* Van der Helst et surtout Franz Hals, sont les premiers maîtres qui aient osé composer des tableaux avec de simples réunions de personnages contemporains, tableaux dont tout le mérite est dans la qualité de la peinture, dans la vérité de la représentation, et qui, tout en étant dépourvus de sujet proprement dit, acquièrent avec le temps, par ces portraits, le sérieux et la valeur d'un document historique. La condition essentielle, pour entreprendre sans témérité une composition de ce genre, où tout l'intérêt se concentre sur des figures non agissantes, est d'être un portraitiste de premier ordre. Or, ce qu'ont fait Rembrandt et ses contemporains, Fantin-Latour fut le premier à le tenter de nos jours, à concevoir et à exécuter d'importantes compositions dans le genre de celles des maîtres flamands.

Fantin n'a pas produit moins de quatre grandes toiles de cette catégorie, et toutes les quatre, outre qu'elles sont déjà classées parmi les meilleurs morceaux de peinture de ce temps, offrent une valeur historique en raison de la notoriété et même de la célébrité dont jouissent à présent la plupart des modèles que le hasard des circonstances a fait poser devant le peintre. Il faut bien savoir, en effet, que jamais Fantin n'aurait donné place à n'importe qui dans ses tableaux, en raison d'une notoriété plus ou moins grande ; il aurait bien plutôt écarté de ses compositions quiconque lui aurait paru avoir trop d'importance et devoir attirer devant ses toiles la troupe des badauds, en quête de portraits de gens connus, et non pas seulement les peintres ou les vrais amateurs de peinture : il ne voulait pour ses tableaux d'autres juges que ceux-ci. Je le répète : hasard des circonstances, relations plus ou moins suivies, sympathies plus ou moins vives à tel ou tel moment de la vie, il n'y eut pas d'autres raisons que celles-là dans le choix que Fantin fit de ses modèles, et c'est ce qui explique pourquoi, entre eux tous, trois seulement, ses amis de la première heure : Édouard Manet, Whistler et Edmond Maître, ont dû à l'ancienneté de leurs rapports avec Fantin de figurer dans deux de ses grands tableaux.

La première de ces compositions est aussi la seule qui, par son titre même et en raison des écrivains et artistes militants groupés autour d'un portrait ou d'un emblème, ait le caractère d'une consécration, d'un hommage; où le peintre, en un mot, ait voulu affirmer ses préférences personnelles. Il venait de suivre, avec Baudelaire et Manet, le convoi funèbre de Delacroix, et revenait du Père-Lachaise en maugréant avec ses amis contre le médiocre concours de monde qu'avait attiré l'enterrement d'un tel maître, lorsqu'ils furent rejoints par des « croque-morts » qui portaient, tels des marchands d'habits, tout le costume d'académicien de Delacroix : la famille avait oublié de le reprendre. A cette vue, une généreuse indignation secoue le peintre de vingt-sept ans; l'idée de protester par un hommage public contre le peu de solennité de ces funérailles traversa son esprit, et ses amis s'y associèrent d'enthousiasme.

Pendant des mois, Fantin brossa deux, trois, quatre projets,
où il s'efforçait d'associer des personnages modernes et des
figures allégoriques; Baudelaire lui proposait même une idée
d'apothéose où il aurait groupé tous les génies : Shakespeare,
Gœthe, Byron, etc., dont Delacroix s'était inspiré, mais le
peintre hésitait toujours.

Un jour enfin, certain tableau de Franz Hals, dont il lui fut
donné de voir une copie faite par le peintre belge Dubois, le
tira du doute : il renonça à toute idée d'allégorie et décida de
ne mettre sur sa toile que des personnages réels. Duranty
amena Champfleury (ce qui fit faire la grimace à Baudelaire,
habitué à se considérer comme le défenseur attitré du romantisme et de Delacroix, tandis que Champfleury n'était pour lui
que le porte-voix de Courbet, de l'école réaliste), et bientôt
se trouvèrent rassemblés autour du portrait de Delacroix :
Whistler, bien pris dans une redingote serrée à la taille et
portant des fleurs; Fantin lui-même, en corps de chemise et
le pinceau à la main; Duranty, le critique, et les peintres
Alphonse Legros et Louis Cordier; puis Champfleury, Baudelaire, Manet, Bracquemond et le peintre Albert de Balleroy.
Mais il paraît que d'autres avaient dû figurer là. « Legros et
moi, nous viendrons à Paris pour poser quinze jours avant le
Salon, écrivait Whistler à Fantin, le 3 février 1864; garde-
nous donc deux bonnes places. Peut-être Rossetti aussi; il m'a
dit qu'il serait très fier de te poser. Il a une tête superbe et
c'est un grand artiste; tu l'aimeras beaucoup. De Balleroy est
bien, pour les raisons que tu donnes; mais pourquoi Ribot?
Fantin, ton tableau va être très beau; la grande masse de lu-

mière fait bougrement bien. Cela va être très heureux pour toi,
car c'est un tableau qui attirera forcément l'attention... »

Il l'attira, c'est positif, mais d'une autre façon que ne
l'espérait Whistler, qui laissait échapper dans cette même
lettre un aveu bien caractéristique : « Ah! je voudrais bien
savoir un peu de ce que tu sais! Je viens d'avoir une mau-

MOI ET DELACROIX, AVEC MES AMIS AUTOUR, PAR FANTIN

On est prié de remarquer la supériorité de cette belle réclame sur celles distri-
buées par le *Bon Diable* (49, rue de Rivoli).

Caricature de Gill d'après l'*Hommage à Delacroix* (*Le Salon pour rire*, 1864).

vaise journée : est-on malheureux de faire mauvais! » Comme
elle fut mal placée, en effet, au Salon de 1864 et combien ne
provoqua-t-elle pas de fines plaisanteries, avec ses personnages inactifs, cette toile qui, depuis lors, reparut avec éclat,
d'abord en Angleterre, à deux reprises; ensuite à Paris à la
seconde Exposition des Portraits du siècle, en 1885; à l'Exposition centennale de 1889, et, plus récemment, à Glasgow, d'où
elle ne revint que pour entrer dans la riche collection de

HOMMAGE A DELACROIX

Salon de 1864

Musée du Louvre (Collection Moreau-Nélaton).

M. Moreau-Nélaton et, par la suite, au Louvre, avec tous les autres tableaux du généreux donateur!

Il en est d'une toile comme d'une œuvre musicale : il est bien rare qu'elle disparaisse tout entière et qu'il n'en reste

LE TESTAMENT DE CÉSAR GIRODOT, PAR FANTIN-LATOUR

Le tableau est navrant de tristesse. On vient de délivrer les legs. Les légataires sont furieux et désolés. Le plus important, celui du milieu, est, à son grand regret, héritier du sac à charbon qu'il vient de revêtir et de vieilles grattures de palette. Son voisin de gauche, d'un soulier, vieux serviteur de Balzac; celui de droite, d'un reste bien sec de blanc de zinc; son camarade, d'une vessie de vert Véronèse. Les autres n'ont rien que du noir, sauf un seul, moins attristé peut-être, qui recueille avec soin le chien du maître.

Caricature de Bertall d'après l'*Hommage à Delacroix* (*Journal amusant*, 4 juin 1864).

pas quelque fragment, lorsque c'est l'auteur lui-même qui a entrepris de l'anéantir. Tel est, en effet, le cas du tableau : *le Toast*, admis au Salon de 1865, qui réunissait autour d'une table les camarades habituels de Fantin et le peintre lui-même montrant à ses amis la figure de la Vérité, quoique l'artiste ait détruit aussitôt cette composition qui le choquait, après qu'il l'eût jugée au Salon, par ce mélange inexplicable du nu et du costume moderne, autrement dit de l'allégorie et de la réalité. Les personnages que Fantin avait groupés là, le verre en main et portant un toast à la Vérité, comme le peintre les y engageait du geste, étaient ses modèles ordinaires : Manet, Bracquemond, Vollon, Cordier, Whistler qui avait très naïvement demandé d'avoir « la belle place, celle du devant »; à quoi Fantin avait consenti très volontiers, d'abord pour le remercier de toutes ses amabilités, ensuite et surtout parce que Whistler devait poser vêtu d'une robe japonaise et qu'une robe japonaise, au premier plan, tentait singulièrement le peintre. « Le sujet court dans le monde artistique, écrivait Fantin à Edwards, le 3 février 1865; on en parle beaucoup. Il y a une colère générale; je suis un poseur, prétentieux, fou; un aplomb inouï! Ces messieurs qui sont les amants de la Vérité! Puis les hauts cris. Une femme nue avec des gens à table, c'est incroyable, et vous ne vous imaginez pas quelle colère c'est déjà. Signe que je frapperai juste. Je crois que cela fera son chemin et nous allons voir du drôle à présent. Moi, il me semble que cela me donne des forces... »

Après avoir fait et refait cette toile, après l'avoir conçue et retouchée de diverses façons, en fondant finalement en un seul deux tableaux d'abord distincts dans sa tête, — « *le Repas* est entré dans *la Vérité* et *la Vérité* dans *le Repas* », disait-il encore dans la lettre citée plus haut, — après avoir défié le tiers et le quart lorsqu'il était dans le feu de la composition et crié que le peintre était prêt à recevoir des coups, mais qu'il saurait résister par l'étude et le travail, ne s'était-il pas calmé subitement à mesure qu'il approchait de l'heure décisive, et ne félicitait-il pas Edwards de la chance qu'il avait de ne pas figurer dans un « tableau véritablement fait pour des fous »? Finalement, il écrivait à son ami de Londres : « Vous auriez été content si vous m'aviez vu la semaine dernière, depuis sept heures du matin jusqu'à sept heures du soir exactement, tellement que ma famille a été pour la première fois de ma vie, je crois, étonnée et subjuguée. Je les avais à mes ordres autour de moi. Debout au chevalet, courant à la glace au bout de l'atelier, pour voir mon tableau retourné. Je faisais des lieues ainsi. Les premiers jours, j'ai cru que je n'y résisterais pas ; je me sentais perdu, le sang bourdonnait dans mes oreilles, les nerfs de la tête tendus, vraiment cela est fou de faire des tableaux ainsi. J'ai travaillé jusqu'au 20, hier, midi. On a emporté à deux heures. Vous dirai-je que mon tableau exécuté est bien au-dessous de mon tableau rêvé? Presque tout est resté inachevé, ce qui maintenant m'afflige beaucoup. Il y a un morceau surtout beau : c'est Whistler en costume chinois (*sic*). Son costume, le temps qu'il m'a donné, son attention à la pose, à ne rien négliger, en fait le meilleur morceau. Quelques têtes pas mal, voilà. A présent, j'ai hâte de le voir au Salon ; j'ai peur aussi, mais veux le voir, surtout pour l'expérience. J'ai beaucoup pensé, en le faisant, au recul, à la grandeur des salles, à l'éloignement. J'aurais voulu rendre l'effet de la nature même, vue de loin. Alors vous comprenez que je ne peux juger mon tableau qu'au Salon [1]. »

1. Lettre à Edwards du 21 mars 1865.

Mais l'impression qu'il en ressentit fut des plus fâcheuses, puisqu'il n'hésita pas à sacrifier son œuvre de lui-même et par conscience d'artiste, alors que les attaques auxquelles il était en butte auraient pu l'engager à la conserver, comme pour braver l'opinion générale. Mais cela n'entrait pas en ligne de compte pour Fantin : « L'Exposition est finie, Dieu merci! écrivait-il à Edwards le 26 juin. Bien critiqué, allez. C'est ignoble même. J'ai eu partout des critiques (cela me rend bien content), depuis *le Moniteur* (Théophile Gautier) jusqu'au dernier des journaux, revues, brochures, mais partout méchantes, très méchantes. Si l'on a sifflé Manet, moi, je suis détesté des peintres. Ribot, qui ne me parle plus, dit (à ce que l'on m'a répété) que je lui ai fait augmenter le prix de son tableau à Londres pour l'empêcher de le vendre. Que dites-vous de cela? N'est-ce pas ignoble?... On dit que je soutiens Manet pour lui être nuisible, puis (c'est About qui a écrit cela dans un journal) que je l'empêche d'achever et d'étudier ses tableaux, lui criant : « Vous allez gâter vos chefs-d'œuvre! » Voilà la critique d'art... »

Sans aucune hésitation, Fantin détruisit donc sa toile et n'en conserva que quelques morceaux, « quelques têtes pas mal », comme il disait, c'est-à-dire la sienne propre et celles de Vollon et de Whistler. Le premier de ces fragments est encore aujourd'hui chez Mme Fantin; le deuxième appartient à M. Darrasse, le troisième fut acheté assez vite par un amateur américain, presque un marchand de tableaux, nommé Avery, qui le donna par la suite, avec la collection très complète des lithographies de Fantin, au Musée métropolitain de New-York.

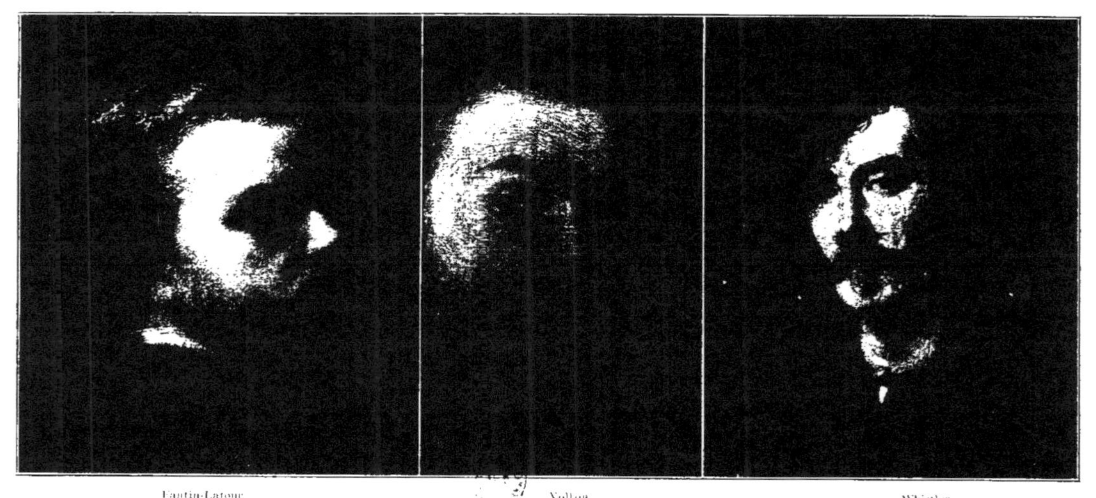

PORTRAITS CONSERVÉS DU TABLEAU : « LE TOAST », DÉTRUIT PAR L'AUTEUR

Salon de 1865.

« Tu sais que je suis très flatté, écrivait Whistler à Fantin, de ce que tu m'as conservé en détruisant ton tableau; chose très à regretter tout de même que cette démolition de nos anciennes choses! Je l'ai bien trop souvent pratiquée et j'ai tant pleuré après! » Mais si désolé qu'il fût de cette destruction, Whistler savait s'en consoler en pensant, d'après ce que lui disait son ami, que sa figure irait peut-être en Amérique, et « rien ne pouvait être plus charmant pour lui, assurait-il, que d'être présenté à ses compatriotes par Fantin ». Grâce à l'opportune intervention du collectionneur Avery, l'Amérique allait reconquérir l'Américain[1].

Cinq grandes années se passèrent avant que le peintre ne se décidât à entreprendre une toile du même genre, mais en se restreignant, comme l'a très bien dit M. Léonce Bénédite, « au rôle plus étroit et plus sûr de représentation de personnages contemporains sympathiquement réunis en raison d'une communauté de goûts ou de travaux ». Fantin qui, dans le temps où il peignait l'*Hommage à Delacroix* et le *Toast,* demeurait rue Saint-Lazare, avait pris l'habitude, en raison de la proximité, de se rencontrer avec Manet tous les jours, soit avant, soit après le dîner. Or, ces réunions de café, où il ne buvait guère et fumait de préférence en laissant parler ses amis qui, presque tous, fréquentaient l'atelier de Manet, lui semblèrent former un sujet de tableau tout indiqué : dès que l'idée lui en eut passé par la tête, elle ne fut pas longue à se développer et à aboutir.

1. Pour de plus grands détails sur ce point spécial, voir les articles très intéressants de M. Léonce Bénédite : *Histoire d'un tableau : le Toast,* dans la *Revue de l'art ancien et moderne* (janvier-février 1905 .

« Je pense au Salon, écrivait-il à Edwards le 14 octobre
1869 ; je commence à crayonner des projets. Je pense beaucoup
à un grand tableau de plus de trois mètres de large sur plus de
deux de haut, représentant au centre Manet peignant à son
chevalet, devant lui son modèle posant ; à côté de lui et autour,
des amis, des connaissances, du monde dans l'atelier. Cela me
paraît un assez joli motif de tableau pittoresque, un intérieur
d'atelier. J'aurai des complaisants pour poser. Si vous veniez
à Paris, je voudrais bien vous mettre dans ce tableau. Cela
serait-il possible ? Vous voyez que je suis bien oseur pour tenter un pareil tableau : j'espère que vous serez content de me
voir dans votre idée, qui est de continuer toujours. C'est encore
un essai, une tentative ; mais que je vais être dans des tour-
ments de tenter une si grande entreprise ! Pour aller jusqu'au
bout, il faut bien du courage. J'y pense beaucoup dans ce
moment : tout ce que je vois, tout ce que je fais, c'est toujours
en vue de ce projet. »

Plus tard, presque au dernier moment, il insistait encore
et pressait Edwards de venir : qu'il arrive cinq jours seulement avant le jour du dépôt fixé au **20** mars et trois ou
quatre jours suffiront pour introduire ce retardataire dans le
tableau : « Je crois qu'il va assez bien, ajoute Fantin dans sa
lettre du 1er mars 1870. C'est pourtant difficile à dire. On est
si étrange dans le monde artistique, on ne sait quoi penser de
l'opinion de ses confrères. Je me donne beaucoup de peine,
je travaille beaucoup et plein de rage ; mais suis-je récom-
pensé ? Je suis tellement fatigué que cela ne me paraît jamais
à la hauteur de mon idéal ; je ne peux guère vous donner une

idée de ce que c'est; il me semble que l'aspect est simple et sévère, que nulle part on ne voit d'effronterie. Lorsque les sottises d'aujourd'hui auront fait place à celles de l'avenir, que l'acharnement contre Manet aura disparu, on ne verra dans mon tableau qu'un intérieur d'atelier, un peintre faisant le portrait d'un ami, avec des amis autour. Je vous ai gardé dans un coin une place modeste, comme vous le désiriez; vous représentez un artiste qui entre dans l'atelier, qui vient de l'étranger. J'ai l'intention, si vous m'y autorisez, de vous mettre le chapeau de soie sur la tête, le mac-farlane ou le costume du voyageur; cela rendrait bien l'intention d'exprimer un artiste qui entre dans l'atelier, étant près du bord de la toile et d'une tapisserie portière... »

Mais Edwards ne put pas venir, apparemment parce que Fantin n'avait pas répondu assez vite à sa lettre d'acceptation, comme celui-ci s'en excuse à la date du 7 avril : « On ne sait encore rien du jury, on en est encore à voir les tableaux. Vous pensez que j'ai travaillé jusqu'à la dernière heure. Comme je suis ennuyé de ne pas avoir répondu à votre lettre d'acceptation de venir poser ! Je ne sais comment je n'ai pas songé à vous répondre ; je pensais que vous vous imagineriez combien j'étais content de vous peindre. Cela ne pouvait se faire autrement que je comptasse sur vous. J'étais si occupé de ce tableau, je ne voyais plus rien d'autre. Cela a été si difficile à organiser, tout ce monde à retenir, l'arrangement de toutes ces poses! Pour les heures, les jours, prendre les gens quand ils voulaient, quand ils pouvaient, car tous mes modèles faisaient quelque chose pour le Salon, à commencer par Manet, qui a pu à peine me donner le temps nécessaire. Je ne peux vous donner une idée du travail que j'ai fait pendant trois mois sans m'arrêter et toujours du premier coup ; je n'avais le temps de

JÉSUS PEIGNANT AU MILIEU DE SES DISCIPLES, OU LA DIVINE ÉCOLE
DE MANET, TABLEAU RELIGIEUX PAR FANTIN-LATOUR

« En ce temps-là, J. Manet dit à ses disciples : En vérité, en vérité, je vous le dis, Celui qui a ce truc pour peindre est un grand peintre. Allez et peignez, et vous éclairerez le monde, et vos vessies seront des lanternes. »

Caricature de Bertall d'après *Un Atelier aux Batignolles* (*Journal amusant*. 21 mai 1870).

rien recommencer. Enfin, cela est fait ; n'en parlons plus. »

Ce que Fantin négligeait de dire à son ami, c'est qu'il faillit même ne pas pouvoir terminer à temps, par suite d'un duel, insignifiant d'ailleurs, qui eut lieu entre Duranty et Manet (Zola servant de témoin à ce dernier) après de très vives discussions de café. Mais tous les obstacles furent surmontés

Otto Scholderer   Aug. Renoir   Émile Zola   Edm. Maître   F. Bazille   Claude Monet
Écouard Manet   Zacharie Astruc

UN ATELIER AUX BATIGNOLLES

Salon de 1870. — Musée du Luxembourg.

à temps, et ce fut une des toiles les plus regardées, les plus commentées au Salon de 1870, que cet *Atelier aux Batignolles*, ainsi dénommé en raison du quartier qu'habitaient alors nombre de ces artistes (comme on disait couramment en parlant d'eux l'école des Batignolles), où Zacharie Astruc, le peintre allemand Scholderer, Auguste Renoir, le futur « impressionniste », Émile Zola, Edmond Maitre et son ami Frédéric Bazille, puis Claude Monet, figuraient autour de Manet occupé à peindre. « Je voudrais bien vous voir, écrivait encore Fantin à Edwards le 30 mai; je voudrais bien que vous puissiez voir mes tableaux : le succès a dépassé mes espérances. J'ai l'approbation, je crois, des meilleurs juges; j'ai entendu les meilleures choses et les compliments qui me sont le plus sensibles. Aussi le jury s'est décidé enfin à me donner une médaille, ce qui a une grande importance pour le monde qui ne s'y connait pas et pour la vente, et il fallait absolument maintenant que j'arrivasse à gagner ma vie. Je suis accepté, même par mes ennemis. J'avoue que cela m'a fait grand plaisir de réussir sans aucune concession, même avec le tableau qui dut irriter le plus les peintres. Je me sens bien dispos pour continuer le combat. Oh! ceux qui sont nos ennemis, comme nous allons les combattre! J'ai tant de colère et de mépris. Me voilà libre des juges aussi (cette médaille donne le droit de passer sans examen du jury, on est reçu de droit!)... »

Non seulement cet *Atelier aux Batignolles* valut à l'auteur une troisième médaille; mais, en raison même de cette distinction, il fut bien près d'être acquis par la Direction des Beaux-Arts pour être envoyé au musée de la ville natale du

peintre, à Grenoble. Tout fut arrêté par les désastres de la
guerre et les changements qui s'ensuivirent dans l'administration, le haut fonctionnaire des Beaux-Arts, Alfred Arago,
qui avait conclu l'affaire avec Fantin, dans un moment d'allé-
gresse causé par l'annonce de la fausse victoire de Reichshoffen,
ayant quitté la place dès le lendemain, et n'ayant laissé aucune
pièce, aucun papier dont pût se prévaloir le peintre lorsqu'il
se retrouva plus tard, la guerre une fois finie, en face d'un
autre directeur des Beaux-Arts. En désespoir de cause, Fantin,
pour se débarrasser de cette toile encombrante, la céda à
Edwards, et c'est en la lui expédiant qu'il y ajoutait ces portraits à la plume de ses différents modèles, sans doute afin
qu'Edwards pût renseigner sur eux les amateurs qui seraient
tentés de l'acquérir.

« Voici les noms des peintres réunis autour de Manet
peignant, écrivait-il à son ami de Londres le 15 juin 1871.
A côté de lui (Manet), Scholderer (en paletot brun), de Francfort, peintre qui a fait de très belles natures mortes, à qui je
trouve beaucoup de talent, que je vous recommande comme
un ami bien charmant, jouant du violon en artiste, très intelligent, très doux, avec qui vous aurez, j'en suis bien sûr,
des relations agréables... Derrière Manet est Renoir, peintre
qui fera parler de lui (il a certes du talent), puis Astruc,
poète fantaisiste, en ce genre je ne m'y connais pas. Manet
semble le regarder et faire son portrait : il semble se prêter
de bonne grâce à cela; je crois que parmi nous il n'y a
personne qui ne l'ait portraituré : c'est un plaisir pour lui
de poser. Au-dessus, Émile Zola, romancier réaliste, grand

défenseur de Manet dans les journaux ; il tient un lorgnon à
la main. A côté, presque une tête seulement, un ami : Edmond
Maître, esprit fin, musicien amateur, employé à l'Hôtel de
Ville. A côté de lui, Bazille, pauvre garçon qui s'est fait tuer
à Beaune-la-Rolande par les Prussiens ; il annonçait du talent.
A côté, Monet, peintre que vous connaissez. Sur la table, une
petite Minerve grecque du style le plus pur, un pot émaillé de
Bouvier, peintre faisant ces objets avec goût... » Peine perdue,
cette grande toile ne trouva pas d'acquéreur en Angleterre, et
après être restée près de vingt ans chez Edwards, elle finit par
être achetée, en 1892, par notre administration des Beaux-Arts :
aujourd'hui, elle occupe une place d'honneur au musée du
Luxembourg.

Fantin, cependant, caressait depuis quelque temps le
projet de rendre à Baudelaire un hommage pareil à celui
qu'il avait rendu à Delacroix ; il songeait à grouper divers
membres du monde littéraire autour du portrait de l'auteur
des *Fleurs du mal*. Son ami Edmond Maître, qui ne devait
pas figurer dans ce tableau, l'avait mis en rapport avec divers
poëtes, qui travaillaient ou fréquentaient dans les bureaux
de la Préfecture de la Seine : Albert Mérat, Paul Verlaine,
Arthur Rimbaud, Léon Valade, etc. L'éditeur Poulet-Malassis
parlait aussi d'amener Théodore de Banville, Asselineau,
Leconte de Lisle, et le tableau prenait déjà forme dans
l'esprit du peintre, qui rangeait quelques-uns de ses modèles
autour d'une table, en avant du portrait de Baudelaire, orné
lui-même de feuillage et placé entre deux groupes d'admirateurs. « Cela s'appellerait *Un anniversaire*, à cause du por-

trait de Baudelaire qui serait au fond de la salle, écrit-il à
Edwards le 22 décembre 1871. Un de ces messieurs lirait
une de ses poésies; les autres autour de la table et dans la
salle... Je ferai le Baudelaire d'après le portrait que j'en ai

FANTIN-LATOUR : UN COIN DE TABLE

Caricature de Stop (*Journal amusant*, 1er juin 1872).

dans le *Delacroix*. Les douze apôtres me paraissent un sujet
excitant pour l'opinion. Baudelaire, dont la réputation grandit,
est considéré par le public comme un être révolutionnaire,
tandis que c'est un de ces purs artistes en dehors de tout!... »

Ce tableau ne paraissait donc pas devoir rencontrer trop
de difficultés, encore que certains modèles exprimassent le
regret de ne pas voir figurer au milieu d'eux Swinburne,

UN COIN DE TABLE

Salon de 1872. — A M. Emile Blémont.

26 Nov. 74

Mon cher Edwards je vous
remercie de l'envoi des 2 £ [Livres]
que vous m'avez envoyées.
Je suis bien content que ma
proposition de faire vos portraits
vous ai plu.
Il y a à faire un beau Tableau
qui me plairait bien à faire
mon intention est de vous grouper
ainsi Vous assis devant la
Table d'Eau forte, s'aqua-fortisant
avec tous les ustensiles et
Madame debout et près de vous
(en Ange Gardien) la Muse
Inspiratrice, tous deux en
pied et avec un fond d'Atelier
Tableaux et Cadres etc.
Je me réjouis de vous voir ici
et que vous passiez quelques
jours auprès de moi cela me
fera du bien, je serais bien

entrain pour faire de la peinture
j'espère que cela me fera
faire un bon tableau je
serais dans de bonnes conditions
pour cela, c'est comme cela
que l'on fait de bonnes choses
je ne comprends que cela pour
la peinture comme nous l'aimons
avec des amis. il n'y a ni gène
ni embarras — le modèle doit
être dans la peinture pour
bien poser — Espérons que rien
ne viendra déranger nos projets
cela va si bien, si cela vous
plaît et je vous prie de me
donner vos idées sur ce sujet.
Je travaille un peu j'espère
vous donner d'ici noël des
Chrisanthèmes, Vous me direz
Madame je vous prie à
quelle époque je devrais

vous envoyer mes tableaux. —
Je vous remercie du Catalogue
et des Articles de l'Athaneum
que vous m'avez envoyés. Quels
éloges. je suis bien étonné de
tout cela, ce n'est pas de la
réclame dites, on pourrait croire
que Deschamps à besoin de cela
mais n'est cepas que c'est bon
dans l'Athaneum, c'est un journal
bien lu n'est ce pas. ————

Nous causerons ensemble
de l'École anglaise. j'ai depuis
quelques temps, des idées bien
différentes — j'ai revu avec
bien du plaisir le portrait de
femme de Rommey à l'Exposition
industrielle du Costume au
palais de l'Industrie. il y a un joli
portrait de Reynolds — un de
Gainsborough. une femme de Ramsay
très fin Jackson qui me plait

beaucoup. je ne connais pas
assez Crome et pas du tout
Cotman ce que vous dites de
de Rommey est très bien très
bien et vous le rendez très
bien en Français, vous avez tort
de ne pas en dire plus long
je comprends très bien et cela
me paraît de la Critique très
fine

J'ai le Catalogue de 1870
du Louvre si Bürty ne vous
trouve pas quelques choses
de plus (1874 par exemple) je
vous l'enverrai, Crome a dû
être bien heureux car il y a dans
ce Catalogue toutes les choses célèbres
de l'art.

Voulez vous dire bien des choses
de ma part à Madame quand elle
vendra les gravures et les tableaux
elle me dira les derniers délais
je voudrais avoir encore du temps.
Adieu mon cher Edward. Fantin

PORTRAIT DE W. RIDLEY

Salon de 1861.

qui avait dû, paraît-il, poser auparavant avec Whistler dans
l'*Hommage à Delacroix* : c'est Fantin qui le dit lui-même à
Edwards dans sa lettre du 30 décembre 1871, en ajoutant
que si Whistler était à Paris, il aurait pu lui parler de cela,
mais que Swinburne était devenu un trop grand personnage
pour qu'on lui fît une proposition directe. Bien mieux, le
peintre était tellement heureux d'entreprendre une semblable
besogne qu'il défiait le monde en quelque sorte et s'écriait
fièrement dans la même lettre à Edwards : « Ce que l'on dira
(de *l'Anniversaire*), jamais cela ne m'a moins inquiété. Je
fais de la peinture pour moi. Edwards, en qui j'ai confiance,
me le conseille; les autres, cela m'est égal. Je vais m'appli-
quer. J'ai une douzaine de têtes plus intéressantes les unes
que les autres; une collection de portraits superbes. Ah! que
Holbein en aurait fait une belle collection de dessins! »

Mais tout marchait trop bien, et voilà qu'une querelle, qui
ne touchait en rien aux lettres ni aux arts, éclate un beau
soir, au dîner des Vilains Bonshommes, où Fantin s'était
risqué quelquefois, entre deux des modèles, qu'unissait
cependant une affection des plus vives. Cette querelle, allant
jusqu'aux voies de fait, fit grand bruit dans le monde littéraire.
Alors, Albert Mérat déclara se retirer d'une société où les pas-
sions se déchaînaient avec une telle violence; il n'était déjà
plus question d'amener là aucun des gros bonnets littéraires
édités par Poulet-Malassis: Fantin modifia instantanément le
plan de son tableau; Baudelaire en disparut; une haute touffe
d'hortensias prit la place d'Albert Mérat, exilé volontaire, et
le *Coin de table*, enfin, fut terminé juste à temps pour figurer

au Salon de 1872. *Un Coin de table*, disait le catalogue ; le
Dîner des Poètes, disaient les gens frottés de littérature ; le
Repas des Communards, disaient les artistes, en colportant un
propos peu charitable de Charles Blanc, alors directeur des
Beaux-Arts ; et, par le fait, il n'y avait guère que des poètes
autour de cette table : Ernest d'Hervilly, Paul Verlaine, Arthur
Rimbaud, le doux Léon Valade et Camille Pelletan, Elzéar
Bonnier, Émile Blémont, de qui Fantin avait fait un portrait
isolé deux ans auparavant, et Jean Aicard.

Ce tableau-là, contrairement à ce que racontèrent certains
journaux quand le peintre mourut, n'a pas fait de longs
voyages. Après avoir été vu à Paris, il figura dans une exposition organisée à Londres par Durand-Ruel et fut tout de suite
acheté par un jeune Anglais, M. Crowley, qui étudiait la médecine et marquait beaucoup de goût pour la peinture. Au bout
de peu d'années, ce collectionneur, qui s'était formé une très
belle galerie, vint à mourir, et son frère, qui hérita de lui après
que leur père fut mort à son tour, se trouva fort embarrassé
par cette grande toile qu'il ne savait où mettre (il l'avait placée
tant bien que mal par terre, avec des meubles devant pour la
garantir) : il manifestait en toute occasion le projet de s'en
défaire. Fantin, informé de cela par Mme Edwards, en avertit
son ami Tempelaere, qui se rendit tout de suite à Reading,
acheta ce tableau, l'apporta en France et le vendit ensuite à
l'un des écrivains ayant posé devant le peintre, M. Émile Blémont : cela se passait dans le courant de 1897. Voilà, d'après le
récit même que Fantin m'en a fait, comment ce tableau revint
en France, et cela sans avoir été jamais destiné par Fantin à

personne, sans qu'il y ait jamais eu de vente publique ni d'enchères, sans que nul autre que le peintre se soit jamais avisé de le faire revenir dans son pays d'origine : tout ce qu'on a raconté d'autre à ce sujet est pur roman, et celui qui a répandu ces belles histoires connaissait si mal Fantin, qu'il le rattachait à la famille du pastelliste Latour.

Après ces peintres et ces poètes, Fantin pensa souvent — et longtemps — à composer un groupe de personnes faisant ou écoutant de la musique (il projetait d'abord de peindre un chœur de dames); mais tantôt la difficulté de trouver des modèles à sa convenance en plus de Maître et de moi, tantôt l'ennui d'avoir à faire poser des dames, le faisait reculer. Finalement, après qu'il eut rencontré en Chabrier le personnage, ni trop connu, ni trop obscur, mais propre à figurer devant un piano, qu'il désirait mettre au centre de son tableau, Fantin prit simplement diverses personnes avec lesquelles il était en relation plus ou moins suivie ou qu'on lui fit connaître et c'est ainsi que se groupèrent autour d'Emmanuel Chabrier, d'abord les deux amis dont il pouvait disposer à sa guise : Maître et moi, puis le violoniste Boisseau, l'écrivain d'art Camille Benoît, le juge d'instruction Lascoux, le compositeur Vincent d'Indy et le romancier-critique Amédée Pigeon.

Tout fut terminé, sans trop de presse à la fin, pour le Salon de 1885, où cette toile, que le peintre avait tout simplement intitulée : *Autour du piano,* souleva autant d'admiration parmi les connaisseurs que de curiosité dans le public; de là ce tableau alla directement à Londres, puis à Bruxelles et à Munich avant d'arriver chez celui qui s'en était assuré la

possession dès le premier jour. « Notre tableau, notre succès
va bien », disions-nous en plaisantant avec Fantin, comme
celui-ci l'écrivait plus tard à Mme Edwards, dans la lettre où il
lui apprend que l'ami qui avait beaucoup contribué à lui faire
entreprendre cette grande toile en était devenu l'acquéreur et
ne s'en séparerait presque sûrement jamais : le fait est qu'elle
est toujours à la place où le peintre a pu la voir accrocher, il
y a de cela vingt ans passés.

*
* *

Outre ces quatre grands tableaux, Fantin a encore peint
quelques portraits — cinq ou six en y comprenant le sien —
qui sont en quelque sorte du domaine public; mais encore
fallait-il, pour que Fantin se décidât à peindre ces gens-là,
qu'ils fussent bien de ses amis et posassent devant lui comme
simples modèles de profession. Du reste, en fixant de nouveau les traits de Manet ou ceux de votre serviteur, il n'aug-
mentait pas en réalité le nombre des œuvres dont les simples
curieux pourraient s'occuper un jour, en dehors de toute
question de peinture, et c'était bien alors son ami Manet, son
ami Jullien, — ce n'était ni le peintre, ni l'écrivain, — qu'il
acceptait de faire vivre isolément sur la toile, exactement comme
quand il entreprit le double portrait de M. et Mme Edwards;
comme aux jours où il prenait pour premiers modèles, après
lui-même et ses deux sœurs, soit son camarade d'atelier
Alphonse Legros (1856 et 1858), soit le peintre anglais Ridley
(1861), dont les portraits, très ignorés, restèrent si longtemps

PORTRAIT DE M. ET Mme EDWIN EDWARDS

Salon de 1875. — *National Gallery*, à Londres.

accrochés dans l'atelier du peintre avant d'être acquis par de clairvoyants collectionneurs. Là s'arrêtent les rares images de gens appartenant au public que Fantin, qu'on sollicitait en vain de tant de côtés, se décida à faire et fit avec plaisir parce qu'il travaillait par amitié.

Tout d'abord le grand portrait d'Alphonse Legros, ne l'oublions pas, fut brossé comme en se jouant par Fantin dans le seul but de remplir un des cadres qu'Otto Scholderer, retournant à Francfort, l'avait prié de lui faire envoyer et qui auraient payé beaucoup plus cher à la douane allemande, comme cadres neufs, s'ils eussent été expédiés vides, que comme objets presque sans valeur, du moment qu'ils entouraient un morceau de peinture quelconque. Ensuite, quand il fit poser devant lui le jeune Ridley, arrivé récemment d'Angleterre, Fantin le considérait tellement comme un modèle d'occasion qu'il envoyait cette toile au Salon de 1861, où elle fut admise, non pas comme un portrait réel, mais sous la vague mention d'*Étude d'après nature*. Et qui donc, au surplus, parmi les visiteurs qui arpentèrent cette année-là les salles du Palais de l'Industrie, se serait inquiété de découvrir le nom du modèle ou même celui du peintre, tous les deux également obscurs?

A l'époque où Manet posa devant Fantin, dans une attitude que lui-même avait choisie et qui lui était habituelle, l'auteur d'*Olympia* se trouvait dans la période la plus batailleuse de sa carrière, en butte aux sarcasmes des artistes, aux quolibets de la critique. Aussi Fantin, en peignant alors son compagnon des jours d'étude au Louvre, en exposant ce portrait

en 1867, entendait-il bien manifester à la fois son affection
pour l'homme et son admiration pour le peintre, ainsi qu'en
témoigne une dédicace toute spéciale, presque provocatrice,
inscrite au bas de la toile : *A mon ami Édouard Manet.*

Pour ce qui regarde Edwin Edwards, cet avocat, peintre et
graveur à l'eau-forte, qui était né à Framlingham (Suffolk) en
1823 (il avait donc treize ans de plus que Fantin) et mourut à
Londres en 1879, Fantin, nous le savons, étant allé le voir à
Sunbury, en 1864, avait commencé par le représenter, dans une
gravure à l'eau-forte, jouant de la flûte avec Mme Edwards au
piano. Nous savons aussi par les lettres de Fantin qu'il était
fort ennuyé d'avoir accepté de faire cette planche pour Cadart
et Luquet, les éditeurs de la Société des Aqua-fortistes ; qu'il
soumit à Bracquemond ce qu'il appelait en riant son « grat-
tage » et que celui-ci, ayant jugé qu'on pouvait en tirer quelque chose, à condition d'enlever les noirs, y donna quelques
coups de burin pour la faire passer : « C'est si difficile, écrivait
Fantin, de faire ce qu'on n'a pas appris! » Mais c'est seulement pour le Salon de 1875 qu'il composa dans son atelier de
Paris le groupe de M. et Mme Edwards, auquel sa célébrité
naissante allait s'accrocher[1].

De ces deux tableaux, qui reparurent à l'Exposition centennale de 1889, l'un, le portrait de Manet, a trouvé sa place

1. En se reportant à la lettre de Fantin reproduite en fac-similé à la
page 77, on verra combien le tableau tel qu'il fut exécuté, tout simple et
débarrassé des accessoires emblématiques auxquels Fantin avait d'abord
pensé, est préférable au premier projet, où « la Muse inspiratrice, en Ange
gardien » semblait être un ressouvenir du célèbre portrait de Cherubini, par
Ingres.

définitive au musée de Chicago; l'autre, le portrait de M. et
Mme Edwards, a la sienne à la *National Gallery*, Mme Edwards
en ayant fait don au grand musée de Londres aussitôt qu'elle
eut appris la mort de l'auteur. Et si l'on ne peut qu'approuver
celle-ci d'avoir fait à son pays ce magnifique cadeau, si l'on
doit féliciter l'Amérique d'avoir su s'emparer d'une toile aussi
célèbre que le *Portrait de Manet*, ne faut-il pas déplorer que
le portrait d'un peintre comme Manet par un peintre tel que
Fantin, que ce gage d'une amitié constante entre deux artistes
français qui auraient pu devenir rivaux, que ce tableau auquel
nous aurions dû doublement tenir soit perdu pour la France
et que notre administration des Beaux-Arts, lorsqu'elle pouvait facilement l'arrêter, l'ait laissé partir pour Chicago?

Après ces toiles qui sont capitales dans son œuvre et mar-
quent des points lumineux dans sa carrière, Fantin ne peignit plus que deux portraits qui ne fussent pas ceux de
simples particuliers : le sien propre et celui d'un ami. En
1883, il fit de lui-même un portrait définitif pour l'envoyer au
Salon triennal officiel qu'on projetait d'ouvrir tous les trois ans,
vers l'automne, au Palais de l'Industrie, et qui n'eut lieu que
cette année-là; puis, quatre ans après, il peignait le mien,
sans doute afin de me dédommager de la place un peu sacrifiée que j'occupais dans *Autour du piano*, et l'exposait au Salon
de 1887. Peu de tableaux ont autant voyagé que ceux-là,
allant soit en Angleterre et en Danemark, soit à Bruxelles et
à Munich, etc., avant de se fixer, le premier à Florence, au
Musée des Offices; le second à Paris, tout à côté d'*Autour
du piano*.

* *

Voilà quels sont, et vous voyez qu'ils peuvent compter, les groupes ou portraits peints par Fantin-Latour qui présentent déjà ou pourront présenter un jour quelque intérêt d'histoire. Il est vraiment curieux qu'un peintre qui se serait refusé à voir jamais poser devant lui quelque homme célèbre, et qui vécut toujours en dehors du monde, à l'écart de tout cénacle ou de toute école, ait tant travaillé pour l'avenir, ayant fixé sur la toile les traits d'un grand nombre d'artistes ou d'écrivains militants avec lesquels il avait fait cause commune. Et c'est bien le bon combat qu'il combattit sans relâche, car toutes les causes d'art, de littérature ou de musique auxquelles Fantin se trouva adhérer et qu'il défendit ou plutôt qu'il exalta à sa manière, ont fini par triompher. L'alliance était toute naturelle qui devait s'établir entre cet artiste d'une indépendance absolue et tant de libres esprits de son époque : aussi pourra-t-il passer à bon droit dans l'avenir pour le peintre, non pas spécialement des Impressionnistes, des Parnassiens ou des Wagnéristes, ce qui l'aurait fort irrité, mais plus largement des hommes d'avant-garde et des indépendants.

TANNHÆUSER — LE VÉNUSBERG

Lithographie originale (1862).

CHAPITRE III

UN PEINTRE MÉLOMANE

Qu'un peintre goûte infiniment la musique et s'y délecte, qu'il s'y exerce même et qu'il en exécute à ses moments de loisir, il n'y a rien là que de naturel, et tout aussitôt nous revient en mémoire le souvenir d'Ingres qui n'était pas médiocrement fier de son agréable talent sur le violon; mais qu'un peintre aime la musique au point d'y trouver un puissant réconfort dans ses jours de fatigue ou de doute, qu'il soit épris de l'art des sons jusqu'à chercher dans les chefs-d'œuvre des maîtres les sujets de la plupart de ses dessins ou toiles d'imagination, lui, le peintre de la réalité et de la vie, de la vie chez les hommes et chez les fleurs, voilà ce qui est tout à fait exceptionnel, peut-être unique, et ce qui est maintenant à considérer chez Fantin-Latour.

Par combien de compositions idéales : peintures, pastels ou lithographies, n'a-t-il pas témoigné de la profonde admiration que lui inspiraient les plus hautes créations de l'art musical, de la sensibilité si avisée, de l'instinct si sûr qui le poussèrent dès le premier jour vers les maîtres discutés,

méconnus, injuriés, mais à qui un avenir plus ou moins
rapproché réservait une réparation triomphale ! Certes, ses
œuvres peintes ou gravées parlent avec éloquence et suffi-
raient à dire à ceux qui ne l'ont pas connu quelle influence
ont exercée sur lui les plus grands maîtres de la musique au
xixe siècle ; mais n'est-il pas piquant de saisir sur le vif, dans
l'instant même où il les ressentait et les confiait à des amis,
l'expression de ses sentiments d'admiration et de son enthousiasme en présence des œuvres qui se révélaient à lui et le
troublaient si fort qu'il regrettait parfois de n'avoir pas reçu
du ciel le don de création musicale, afin de pouvoir se livrer
plus complètement à l'art qui lui procurait d'aussi vives
jouissances ?

Si Fantin fut, durant toute sa vie, très désireux d'entendre
de la musique et s'il s'absorbait, des soirées entières, dans
l'audition d'œuvres exécutées d'une façon plus ou moins brillante par des amis partageant ses admirations et ses antipathies ; s'il fréquenta beaucoup les théâtres et les concerts
avant de se renfermer dans sa tour d'ivoire de la rue des
Beaux-Arts, c'est surtout en deux circonstances bien déter-
minées qu'il se sentit bouleversé par le démon de la musique :
d'abord au moment de la grande vogue des Concerts populaires qui le passionnèrent, lui et tous ceux de son âge, en leur
révélant quantité de chefs-d'œuvre dont ils ne connaissaient
jusque-là que le titre ou qu'ils devaient se contenter de jouer
au piano ; ensuite, à l'heure des premières représentations de
Bayreuth, auxquelles un ami lui procura inopinément le moyen
d'assister. Or, à ces deux époques, Fantin fut comme emporté

par le désir de communiquer à d'autres ses joies, ses surprises, ses enthousiasmes ; d'enflammer ses amis comme il
l'était lui-même, et ce sont ces lettres-là qui vont nous permettre de le voir sous le coup immédiat des émotions qu'il
avait ressenties, de les lui entendre traduire en un langage
d'autant plus vibrant qu'il est moins apprêté et plus familier.

*
* *

C'est pendant les trois séjours que Fantin fit en Angleterre
en 1859, 1861 et 1864, tantôt à Londres chez le célèbre graveur
Seymour Haden, beau-frère de Whistler, tantôt à Sunbury,
chez M. et Mme Edwards, qu'il eut la révélation de la musique
et du maitre qui devaient exercer tant d'empire sur lui. Il ren-
contra là, en effet, des dames très au courant de la musique
allemande, et il se rappelait toujours avec quelle émotion,
mêlée de surprise, il avait entendu chanter par une jeune
Grecque, Mlle Ionidès, qui devait épouser le pianiste, écrivain
et conférencier bien connu, Édouard Dannreuther, une mélodie
d'un compositeur totalement inconnu de lui : *Mondnacht* (titre
français : *l'Heure du Mystère*), de Robert Schumann. Certes,
la commotion physique qu'il avait ressentie en entendant exécuter la *Prière de Moïse* par un orchestre très nombreux au
moment même où il entrait dans le colossal Palais de Cristal,
avait été plus violente, et c'était encore là un des souvenirs
de Londres qui lui revenaient le plus volontiers ; mais si
grande que fût déjà et que dût rester son admiration pour
Rossini, admiration qu'il étendait, un peu par esprit de contra-

diction, jusqu'à *Zelmira,* jusqu'à *Bruschino* peut-être, il est certain que l'émotion que lui avait causée une simple mélodie de Schumann avait été autrement profonde, autrement décisive, autrement féconde. Ici les faits parlent plus haut que les paroles : quoi qu'il en pût dire, jamais Rossini ne l'atteignit, comme Schumann, au plus profond du cœur.

Si Fantin s'était décidé à traverser la Manche, c'était, nous le savons, pour répondre aux pressants appels de Whistler qui désirait lui faire connaître son pays d'adoption, le présenter dans sa famille, et nous savons aussi quel accueil il avait reçu du beau-frère de Whistler, quelle vie plantureuse et toute nouvelle pour lui il menait là-bas : « Lunch ou goûter, un goûter où j'avale deux ou trois tranches de

Si M. Gérôme ou M. Cabanel se permettent de passer à portée de ma canne, voilà des gaillards qui n'ont qu'à bien se tenir.

Caricature de Bertall d'après le *Portrait de Manet* (*Journal amusant,* 8 juin 1867).

roastbeef. J'en mange, de la viande, et de l'excellente! Bonne religion qui n'a pas de jours maigres! Le tout arrosé de Xérès[1]. » Puis, par Whistler, il avait connu Ridley qui travaillait à Paris, et Ridley, ayant reçu la visite de son compatriote Edwards, avait mis celui-ci en rapport avec Fantin, de façon que dès son

1. Lettre à ses parents, du 17 juillet 1859.

PORTRAIT D'ÉDOUARD MANET

Salon de 1867. — *Art Institute*, à Chicago.

second voyage en Angleterre, le jeune peintre accepta d'aller
passer quelque temps chez les Edwards; là, tout de suite, il
s'était senti en confiance avec ses hôtes, si bien qu'il les prit
dès lors pour confidents de ses joies, de ses craintes, de ses
espoirs. Et telle fut l'impression de calme et de repos bien-
faisant qu'il éprouva dès le premier jour à Sunbury, auprès
de ses nouveaux amis, qu'il lui suffisait de s'en souvenir,
disait-il, pour retrouver un peu de cette tranquillité perdue. Aussi rien ne le tentait davantage que de refaire un tel
voyage et de retourner dans ce Sunbury qu'il appelait plaisamment, d'après Edwards, son hôtel des Invalides : « Oh! le
bel hôtel, s'écriait-il, et ces soirs d'été, et la *Sonate pathétique,*
et Beethoven[1]!... »

1862 : c'est l'année où le nom de Richard Wagner, hué
et sifflé l'année précédente à notre Opéra, reparaît sur une
affiche à Paris, grâce au courageux Pasdeloup qui, le 10 mai,
quatorze mois après la déroute de *Tannhæuser,* ose bien jouer
pour la première fois la grande Marche du concours, non
sans avoir la prudence de la mettre à la fin d'un concert de
bienfaisance au profit de l'Œuvre de Notre-Dame-des-Arts.
Fantin y court : « Eh bien! Wagner marche donc dans
l'esprit des foules! écrit-il sur l'heure à Edwards. Je regrette
toujours de voir mes adorations adorées par d'autres, surtout
quand cela arrive à la masse du monde. Je suis très jaloux
quand j'aime. » Et d'enthousiasme, impatient de proclamer
son « amour », aussi vite qu'il a pris la plume, il saisit son
crayon et, pour célébrer ce premier triomphe de Wagner

1. Lettre à Edwards, du 23 novembre 1861.

à Paris, compose cette belle lithographie du *Venusberg*, qui, complètement transformée, deviendra, deux ans plus tard, le tableau à l'huile admis au Salon de 1864, en même temps que l'*Hommage à Delacroix*.

Au mois de septembre de cette même année 1864, Fantin, alors âgé de vingt-huit ans, retournait à Sunbury où la vie lui semblait si douce, où il se faisait expédier par sa mère des pièces de piano, de Schumann, destinées à Mme Edwards; où il dessinait la curieuse et très rare eau-forte qui représentait Edwards jouant sur la flûte un morceau de Schumann avec sa femme qui l'accompagne au piano; d'où il écrivait enfin à ses parents : « Que vous dirai-je de nouveau? Rien. J'ai commencé à travailler, je suis heureux, je crois que c'est tout. Ta lettre, ma chère mère, m'a fait grand plaisir et je vais répondre en la relisant, car que vous dirais-je? Que je relis *les Misérables* qui me font grand plaisir, que la musique de Schumann que Madame joue dans la chambre à côté est superbe, que j'entre dans un monde musical qui me plaît beaucoup. Cette musique de l'avenir, je la pressentais. C'est celle-là que j'aimerais faire si j'étais musicien, hélas! »

Ce dernier séjour à Sunbury avait sensiblement resserré les liens entre ses amis d'Angleterre et Fantin, si bien que leur correspondance prend alors une tournure plus familière, une correspondance où la musique tient une large place en raison des œuvres auxquelles il s'était initié chez les Edwards et de leur commune admiration pour l'auteur de *Manfred*.

« J'envoie en même temps que ma lettre, — écrit-il en octobre 1864, soit très vite après son retour à Paris, —

j'envoie en même temps que ma lettre une *Vie de Robert Schumann*, que le marchand de musique m'a indiquée. Madame, lisez-la, je vous prie. Cela vous servira pour jouer cette musique; c'est court, mais c'est très utile pour comprendre ce grand artiste. Il faut s'être attendri, avoir connu les souffrances de cette vie pour bien comprendre cette musique. Oh! je suis tout entier au culte de ces grands artistes. Voilà ma religion, l'Art; voilà le seul idéal, la seule chose pure dans l'homme... En attendant le travail, l'envie de reprendre mes études, je me laisse aller à la musique. Hier c'était le premier Concert populaire de musique classique, dont je vous ai parlé. J'y ai été. C'était *Jubel-Ouverture*, de Weber, avec le chant national anglais à la fin. Une superbe symphonie de Haydn avec un adorable *minuetto*. Quelle belle musique! La polonaise de *Struensée* (opéra joué en Allemagne), de Meyerbeer, m'a paru n'avoir pas la grandeur de toute la musique de ce concert. Un andante de Mozart, vous savez : Mozart, c'est tout dire, un andante de cet ange! Puis, pour finir, la grandiose symphonie de Beethoven en *ut mineur*. C'est foudroyant, l'on est emporté dans un monde splendide. Schumann a dit quelque chose de bien : « C'est haut comme le ciel, c'est profond comme la mer. » Oui, l'on est là, au centre, pris de vertige; on ne sait où l'on est entraîné sur ces hauteurs, dans ces profondeurs... »

Puis, après avoir entretenu ses amis de choses qui n'ont pas trait à notre sujet, il ne se tient pas de terminer sa lettre comme il l'avait commencée, en parlant de Schumann, en célébrant les louanges de celle auprès de qui, disait-il, le maître, brisé par le travail, devait être si heureux de reposer sa tête fatiguée. « Je crois que quand vous lirez la vie de Schumann, cela vous intéressera comme moi, quoique dans un autre milieu. Moi, je l'ai lue sans désemparer. J'étais au Louvre, assis devant les Rembrandt (c'est mon « éternelle rumeur » à moi), et j'ai été bien intéressé. Sous cette biographie je vois une nature que je comprends. Qu'il a été malheureux. Que Clara Schumann a dû être pour lui une Providence ! Elle est bien intéressante, avec cette continuelle persistance à faire entendre ses œuvres après sa mort. Comme cela doit être doux pour lui quand il l'entend ! Que la femme est merveilleuse quand elle est comme celle-là !... Vous verrez cette vie terrible avant son mariage, quand elle jouait dans les concerts, vous le verrez jaloux de ces gens du monde n'aimant rien et toujours prodigues des compliments qu'ils savent dire, puisqu'ils les débitent à toutes les femmes. Ce piano devenu presque impossible, cette famille en lutte, voilà l'explication de sa folie et, sans Clara, cela serait venu plus vite; nous lui devons son œuvre peut-être. Ce sera un pèlerinage pour moi, si cet hiver elle vient à Paris donner des concerts[1]. »

Cette admiration reconnaissante pour Clara Schumann, en raison de l'influence qu'une compagne aussi aimante et dévouée peut et doit exercer sur le génie et les créations de l'artiste à qui sa vie est associée, se manifeste à diverses reprises dans les lettres du peintre, comme s'il eût souhaité,

1. Lettre du 24 octobre 1864.

A LA MÉMOIRE DE ROBERT SCHUMANN
Lithographie originale 1873.

pressenti le bonheur que l'avenir lui réservait à lui-même.
Un jour, comme son enthousiasme croissant pour Schumann
l'avait fait causer, lui si peu liant d'habitude, avec un autre
habitué des Concerts populaires, ce dernier, qui avait eu plusieurs fois l'occasion d'entendre jouer Clara, parlait d'elle à
Fantin qui se hâtait de rapporter ces discours à Mme Edwards :
« J'avais entendu parler d'elle, disait cet amateur, de sa
tendresse pour son mari, de son amour pour la bonne musique. Je vis paraître une femme en noir, très simple, non
plus jeune, mais qui avait dû être belle, de cette beauté que
les artistes aiment; elle se met au piano tout simplement,
avec respect, sans musique devant elle, et joue une sonate de
Beethoven. Dès les premières notes, je compris que j'enten-
dais quelque chose de nouveau, c'est-à-dire une *artiste* ; tous
les souvenirs de pianistes s'envolèrent. Je n'avais pas là un
de ces exécutants qui jouent, comme l'on dit, avec inspiration ; c'était un jeu pur, précis, mesuré, rigoureux. Tout
d'abord, j'avais été pris d'attention pour quelque chose de
nouveau, puis, au bout d'un quart d'heure, un intérêt très
grand, puis l'enthousiasme, provoqué par le mérite de ce
respect pour l'Art, pour l'œuvre de l'artiste. C'était un respect
qui ressemblait au recueillement de la prière ; je venais
d'entendre enfin la musique d'un homme aimé, de voir un
artiste compris et vénéré. Ce fut très beau lorsqu'elle joua
des œuvres de son mari, et je ne puis vous en dire davantage,
il faudrait l'entendre ; c'était la compréhension et le respect
même que le jeu de cette grande artiste ! » — « Moi, Madame,
ajoute Fantin, moi, enthousiaste et bien un peu fou, à ce que

m'a dit cette personne, je pensais que Schumann devait être là, peut-être, non pas l'homme, mais l'artiste, heureux et reconnaissant. Elle doit le penser aussi, j'en suis sûr. »

Le jeune peintre va également passer quelques soirées aux Italiens. Il y entend *Don Giovanni,* dont l'ouverture lui rappelle les agréables séances de musique à Sunbury, chez ses amis ; *Don Giovanni,* merveilleux, dit-il, mais bien mal exécuté par de mauvais chanteurs, exception faite de la Patti dans Zerline, « avec un commandeur semblable à un garde national en plâtre et qui a fait éclater de rire toute la salle ». Il y entend aussi *la Traviata,* « musique d'enragé, peu de musique, c'est vrai, mais quelque chose d'un homme passionné, ce qui est rare aujourd'hui » ; puis, tout de suite après avoir émis ce jugement qui surprendra un peu ceux qui se rappellent comment il parlait de Verdi sur la fin de sa vie : « Rentrons dans l'art, ajoute-t-il dédaigneusement ; je suis un fervent du Concert populaire. J'ai fait amende honorable à Mendelssohn ; vraiment, pour le bien juger, l'orchestre est indispensable. Dans ce *Songe d'une nuit d'été,* il est merveilleux de sonorité, il a des effets d'instrumentation superbes, il remplace beaucoup par cela les idées mélodiques[1]. »

Mais quel n'est pas son chagrin, on pourrait presque dire son désespoir en entendant très peu applaudir et beaucoup siffler à ce même concert une « superbe symphonie » de Schumann (c'était celle en *si bémol,* dont Pasdeloup donnait ce jour-là la première audition) ! « Les chut ! chut ! m'entraient

1. Lettre du 27 novembre 1864.

dans le cœur, écrit-il. Si vous m'aviez vu, Madame, moi dans la salle, vous m'auriez reconnu rien qu'à la rougeur de ma figure. J'étais bien malheureux, et pourtant cela m'a fait l'effet du Schumann que Mme Thompson nous joua : même grandeur, même abondance de belles idées, même caractère de cette musique. Je trouve que, là, au milieu de Haydn, Mozart, Beethoven, il se tient par l'originalité de ses idées qui sont bien de lui, et c'est, je crois, ce qui explique l'opposition qu'il y a contre lui : on a horreur du nouveau, cela nous irrite, nous aimons les redites, nous n'aimons pas les opinions autres, les caractères différents. De ce grand artiste, j'ai entendu chez Mme Meurice, par elle et Mme Manet, les *Reflets d'Orient* à quatre mains; ce sont, Madame, les morceaux que jouèrent vos sœurs. Oh! que cela est beau! J'étais transporté, tellement que l'on s'est moqué de moi, Champfleury m'a appelé Schumanniste, le nom me reste. Eh bien! j'en suis fier. Mais nous n'avions entendu que trois de ces morceaux; les trois autres aussi sont superbes, il y en a un surtout qui est ravissant, c'est inouï[1]. »

Cette Mme Thompson, à qui Fantin adresse ici un souvenir reconnaissant, était la femme du célèbre chirurgien anglais qui opéra heureusement de la pierre le roi Léopold Ier, de Belgique, eut moins de succès avec Napoléon III, et de qui Fantin disait tout d'abord qu'il lui était peu sympathique, « un médecin ne pouvant pas lui être plus agréable qu'un prêtre », impression qui dut se modifier par la suite, car cet

____

1. Lettre du 27 novembre 1864.

amateur de peinture lui fit plusieurs achats et commandes qui n'étaient pas à dédaigner.

Quant aux deux dames françaises à qui Fantin fut redevable d'entendre, dès cette époque, la suite complète des *Reflets d'Orient,* elles étaient toutes les deux d'habiles pianistes : l'une, Mme Paul Meurice, fille du peintre Granger, l'élève d'Ingres, aurait pu se livrer tout à l'art musical, car elle sut, à l'occasion, tirer parti de son talent sur le piano en donnant des leçons; l'autre, Mme Édouard Manet, née Suzanne Leenhoff, Hollandaise d'origine et fille d'un organiste, était une exécutante très brillante, très versée dans la musique classique et très initiée aussi à la musique allemande moderne que si peu d'amateurs soupçonnaient alors en France. C'est pour elle que Théodore de Banville, quelque dix ans plus tard, rimera les vers suivants, sous forme d'envoi, en lui adressant un exemplaire de ses *Exilés :*

> La musique aux charmantes voix
> S'éveille et chante sous vos doigts,
> Parlant des cieux qu'elle devine;
> Et mes vers, oiseaux las d'errer,
> Volent vers vous pour s'enivrer
> Des sons de la lyre divine

Mais comment Fantin, après avoir fait la sourde oreille aux compliments, que Mme Meurice essayait de lui adresser au Louvre, — « Je déteste ce petit poseur! » s'était-elle écriée un jour, — avait-il fini par se laisser entraîner dans un salon où fréquentaient nombre d'artistes, de musiciens, de peintres, de littérateurs, en un mot « tout le monde Hugo

MANFRED : APPARITION DE LA FÉE DES ALPES
Lithographie originale 1873.

et Cⁱⁿ »? Ce fut tout de suite après son retour d'Angleterre,
en 1864, que les avances et politesses redoublèrent et qu'il
se laissa conduire chez Mᵐᵉ Meurice par Bracquemond, Manet,
Champfleury, à la suite d'une très aimable invitation à dîner
qui ne lui permettait pas, dit-il, de continuer à faire le pay-
san du Danube. « ... Conversation sur la démocratie, écrit-il.
Je ne suis nullement dans ces idées et je dis que l'art n'a rien
à voir là. Je parle de mon projet de voyage à Jersey pour le
tableau Hugo; on est très étonné et j'ai vu que l'on en cau-
serait en famille. Après tous ces bavardages, nous restons
quelques-uns; on fait de la musique. Mᵐᵉ Meurice et Mᵐᵉ Manet
jouent un morceau d'Haydn à quatre mains. Je parle alors
de Mᵐᵉ Schumann; on dit: Beaucoup de talent, mais jeu précis, sec, mathématique, violent; critiques qui me paraissaient
de grands éloges, n'est-ce pas, Madame? Et puis, que je vous
dise : Voilà qu'on joue du Schumann, tout ce qu'on en avait;
puis, vers la fin, j'ai l'aplomb de demander si dans les sonates
de Beethoven que l'on a, il y a celle en *mi bémol*, op. 7. Cela
m'a fait grand plaisir, vous pensez. J'ai entendu deux fois la
fin; Mᵐᵉ Manet, voyant que cela me faisait tant de plaisir, l'a
recommencée. J'avais honte et mépris, malgré tout, pour tout
ce que ce monde fait : il n'aime rien, ne comprend rien. Il
m'a suffi de parler avec chaleur de Schumann, du plaisir que
donne sa musique, et voilà tout ce monde qui se met à brûler
ce qu'il aime, car vous pensez que le début de la musique, ce
soir-là, avait été pour Stephen Heller, Stamaty et autres.
Eh bien! vers une heure du matin, nous étions dans Beethoven, en *mi bémol*. Drôle, étrange! Et l'on veut que j'aille dans

ce monde, non, n'est-ce pas? A quoi cela sert-il? Non, non, la solitude est préférable ici, même sans travail [1]... » Il y était quand même allé, dans ce monde, et, la musique aidant, il y retournera plus d'une fois sans trop se faire prier.

Tout à la fin de cette même année 1864, Fantin ressentait une commotion des plus violentes en entendant l'ouverture du *Vaisseau Fantôme,* que Pasdeloup exécutait pour la première fois : « Hier, écrivait-il le 26 décembre, j'ai commencé la journée par le concert dont je m'étais privé depuis quelque temps. Mais l'on jouait l'ouverture du *Vaisseau Fantôme,* de Richard Wagner, dont j'ai été enthousiasmé. Je ne puis vous donner une idée de cette musique. L'orchestre dans ses mains est inouï, le début de l'ouverture est incomparable : de merveilleuses sonorités, étrangetés appartenant à lui seul; l'on aurait dit que c'était écrit avec d'autres instruments. Ma pauvre tête a été emportée par ce tourbillon merveilleux. Je suis rentré chez moi par un froid très dur sans le sentir, ou plutôt le sentant avec plaisir; ce vent froid me coupait la figure, me mordait les joues, mais je rêvais; j'étais transporté. Oh! le grand bonheur que me donne la musique! Je pensais à ces grands artistes : quelle belle chose que de produire des œuvres qui peuvent tant remuer les hommes, de donner sa pensée, son suprême idéal, de dire ce que l'on ne peut dire avec la voix! »

[1]. Lettre à Edwards, du 24 octobre 1864. — Le « tableau Hugo », dont il est ici question, ne fut pas même esquissé. Mais avec quel empressement, Fantin, beaucoup plus tard, ne répondra-t-il pas à la demande de Paul Meurice en peignant *le Satyre (Légende des Siècles),* qu'on peut voir dans la grande galerie de la Maison de Victor Hugo, à la place des Vosges!

« Vous souvenez-vous que dans nos derniers jours passés ensemble, avait-il encore écrit à ses amis, à la date du 27 novembre 1864, on parlait d'un opéra ayant grand succès, *Roland à Roncevaux?* J'ai eu la curiosité d'aller l'entendre ; ce n'est pas mauvais, c'est pis, c'est plat, médiocre. Oh ! qu'il faut se méfier des grands succès du public ! On pourrait établir cet axiome : Quand tout le monde trouve une chose bien, c'est que c'est médiocre. » Axiome très juste, à condition de compléter par un seul mot la pensée du peintre : « Quand tout le monde trouve *d'emblée* une chose bien, c'est que c'est médiocre » ; axiome très juste et dont la contre-partie pourrait être formulée ainsi : toute œuvre véritablement neuve et destinée à braver les atteintes du temps, à marquer une grande étape dans l'histoire de l'art musical, commence toujours par contrarier et bouleverser les goûts du public.

La correspondance de Fantin avec M. et Mᵐᵉ Edwards prit fin à l'automne de 1869, — du moins en ce qui touche à la musique, — et par deux lettres où il leur annonce des choses qui le mettent en joie. D'abord, c'est qu'il a entendu de nouveaux morceaux qui l'ont enchanté : presque tout l'œuvre de Schumann, à ce qu'il croit; puis de nombreuses pages d'un élève de Schumann, Johannès Brahms, qui a un grand talent : « Il me semble, ajoute-t-il, que de tout ce que j'ai entendu de moderne, c'est ce qui m'a fait le plus d'impression. » Ensuite, c'est que l'hiver qui vient promet d'être très favorable à la musique : « On ne parle que de concerts ici, écrit-il le 14 octobre; non seulement les Concerts populaires et ceux du Conservatoire, mais encore l'Opéra en donnerait et le

Théâtre-Italien, qui annonce *Fidelio,* de Beethoven, et *le Paradis et la Péri.* de Schumann, une sorte de symphonie-oratorio. C'est un chef-d'œuvre : je l'ai entendu au piano; cela me paraît si beau que j'ai hâte de l'entendre à l'orchestre... »

Ces concerts de l'Opéra étaient ceux que Litolff rêvait d'organiser, qu'il organisa, en effet, et qui ne dépassèrent pas deux soirées, au lieu des quatorze annoncées, mais qui eurent ce résultat inespéré de provoquer un revirement du public en faveur de Berlioz, mort seulement depuis huit ou neuf mois, tant le délicieux menuet des Follets, l'exquise danse des Sylphes et la foudroyante *Marche hongroise* émurent et bouleversèrent les auditeurs aux deux concerts, car il avait fallu répéter les deux fois ces morceaux, la veille encore inconnus, de *la Damnation de Faust.* Quant aux promesses faites par le directeur de l'Opéra-Italien, elles furent également tenues, sans beaucoup plus de succès, — du moins en ce qui concernait Schumann, — et Fantin de courir à la salle Ventadour. Il fut donc, avec Maître, avec d'autres qu'il allait bientôt connaître, un des plus fidèles auditeurs de ces représentations de *Fidelio,* de ces exécutions de *le Paradis et la Péri,* où brillait la grande tragédienne lyrique Gabrielle Krauss (car l'opéra de Beethoven et le poème dramatique de Schumann avaient été montés exprès pour elle), et qui ouvrirent des horizons splendides à ceux qui eurent alors la révélation de ces chefs-d'œuvre. Le jeune peintre en fut comme ébloui et des souvenirs de ces soirées inoubliables revenaient souvent, par la suite, dans les conversations qu'il avait avec ses amis, lui faisaient même prendre le crayon et dessiner ses

PORTRAIT DE Mme HENRY LEROLLE

Salon de 1882. — A M. Henry Lerolle.

31 Oct. 86

Madame

J'ai été hier chez Gÿs
où j'ai touché ~~2 ...~~

230 L. 14 – 1 et

je vous en remercie
ainsi que V. D

J'ai ~~été~~ très content
de savoir que cet
envoi vous avait
été. Qu'allez vous

envoyer à l'Institut.
je ne sais trop
que vous conseiller
Jullien a reçu son
Tableau - pourquoi
votre emballeur n'a
-t-il pas pris la caisse
de Hardy pour renvoyer
le Tableau - Jullien
me dit que la Caisse
était d'une lourdeur
insensé ! si je l'envoie
en Belgique, il va falloir
en avoir une autre

Avez vous reçu le
livre de Jullien avec
mes Lithographies.
J'ai chargé Jullien de
vous le faire envoyer
Il doit paraître le 6
Novembre pour le public
je suis bien curieux
de savoir quel effet
il vous fera et mes
lithographies. Je
suis tout fier de la
dédicace Jullien a été
très aimable avec moi
il me semble que

son livre est un
document très exact
et plein de renseignements
et sans parti pris
avec nombre de faits
qui peuvent pour le
lecteur lui permettre
de juger bien T. Wagner.
Ma femme me charge
de ses amitiés
Tout à vous
H. Fantin

POÈMES D'AMOUR, DE BRAHMS
Lithographie originale (1885).

deux premières lithographies à la gloire de Schumann...

Quelques années plus tard allait éclater le coup de tonnerre de Bayreuth, qui devait retentir dans tout le monde musical[1].

⁂

Un soir du mois d'août 1876, comme Fantin se trouvait chez son ami Maître, où, selon son habitude, il fumait cigares sur cigarettes en nous écoutant taper de nos quatre mains sur un méchant piano, tout à coup, un autre ami de la maison, magistrat de race et mélomane passionné qui marchait dès lors en tête des partisans de Wagner, — j'ai nommé Lascoux, — fit irruption dans la chambre et mit à la disposition de qui voudrait en profiter une place pour la troisième série des représentations de *l'Anneau du Nibelung*, au théâtre de Bayreuth. Certes l'offre était des plus tentantes et cette place, un billet provenant de Léon Leroy, l'écrivain tout dévoué aux intérêts de Wagner, aurait pu susciter de vives compétitions : il n'y en eut aucune et Fantin, qui n'était cependant pas un voyageur déterminé, accepta de partir sur-le-champ pour l'Allemagne, bien que cette absence dût faire reculer un peu son mariage (il comptait d'ailleurs retrouver M. et Mlle Dubourg à Nuremberg, puis aller avec eux à Munich), tant sa joie était grande d'être un des premiers, lui si vivement épris

1. Le tableau dont parle Fantin dans la lettre ci-contre (p. 105-108), adressée à Mme Edwards, est *Autour du piano*, qui m'était revenu de Londres après avoir été exposé à l'*Academy*. — Dans la première page, les initiales V. D. (Victoria Dubourg) désignent Mme Fantin-Latour, qu'il ne mentionnait pas autrement, d'habitude, dans ses lettres à ses amis de Londres.

de la musique de Wagner, à visiter la Mecque de l'art de l'avenir, qui venait de sortir de terre par la volonté d'un homme et la protection d'un roi.

Mais il ne partit pas sans promettre à ses amis de les tenir au courant de ces fêtes, et c'est à Edmond Maître qu'il envoya les quatre lettres, — une après chaque partie du *Ring*, — dont je vais donner ici les passages essentiels. Quand je dis : lettres, le terme est impropre, car ces extraits n'ont pas de forme déterminée; ce sont, comme presque tout ce qu'écrivait Fantin, des notes très rapides en style télégraphique, une sorte de *memento* que le voyageur rédige pour lui-même et qu'il communique à ses amis de Paris, mais en recommandant bien qu'on le lui conserve, car c'est dans ces feuilles, écrites à la hâte, qu'il retrouvera plus tard ses impressions toutes fraîches, prises sur le vif, au courant de la plume et sans aucune recherche. Mais comment n'être pas frappé de leur vivacité, de leur concision impétueuse, et comment ne pas remarquer à quel point l'œil du peintre, ici, est vivement frappé par ce qu'il voit, comme son oreille par ce qu'elle entend? C'est pour le voyageur, de quelque côté que son attention se tourne, un émerveillement toujours plus vif.

Dès qu'il arrive à Bayreuth et qu'il ouvre sa fenêtre, le dimanche 27 août, à cinq heures du matin, Fantin est charmé par l'aspect agréable et joyeux de la ville qui lui rappelle à la fois Versailles, La Haye et certains quartiers de Londres. Et quelle animation partout, dès la matinée! La ville entière est pavoisée d'oriflammes rouge, blanc et noir ou d'autres bleu et blanc; des troupes défilent, le Roi vient d'arriver pour la

représentation du soir, les habitants ont pris leur grande tenue
du dimanche, tandis que les touristes circulent en habits de
voyage, jumelles au côté, guide à la main (lui, cependant, promenait partout un superbe chapeau haut de forme); tout à
coup, un grand vent s'élève et tous ces beaux drapeaux se
retournent, s'accrochent, se déchirent; puis la pluie survient,
et c'est par un temps fâcheux, qu'après avoir très médiocrement déjeuné en ville, Fantin et ses amis (il voyageait avec
M. et Mme Lascoux et Jules Bordier, le fondateur des Concerts
populaires d'Angers) prennent la jolie route qui doit les conduire au théâtre. Mais le spectacle ne commencera qu'à sept
heures : par protection spéciale, il leur est permis de visiter la
machinerie de la scène, puis ils se dédommagent, à la « restau-
ration » du théâtre, de leur triste repas de midi, et se mêlent
à la foule qui attend le passage du Roi. Cependant, le souverain ne paraît toujours pas ; une fanfare retentit, et vite, il leur
faut pénétrer dans la salle afin de s'assurer de leurs fauteuils.

« Nous entrons ; très bien l'aspect, sobre et solennel (il
n'y a pas d'extérieur du tout, ni façade, rien). A peine deux
ou trois Français. Liszt avec des dames, groupe où l'on
parle français. Mme Cosima se trouve là. Avant l'obscurité, il
y a demi-lumière; on sent qu'il va se passer quelque chose
de sérieux. Une sonnerie militaire à l'extérieur, c'est le Roi ;
mais avant qu'on puisse le voir, le signal se fait entendre, la
nuit (presque) se fait. Je vous assure que cela remue très
fort. Puis comme des mugissements (c'est sonore et voilé) ;
l'orchestre fait l'effet d'une seule voix, orgue immense. Oh !
c'est très beau! Unique. Rien n'est comme cela. C'est une

sensation non encore éprouvée. Le rideau s'écarte doucement et voici une chose sans nom, vague, obscure, petit à
petit verdâtre, s'éclairant lentement; bientôt on aperçoit des
roches, puis tout doucement des formes passent, repassent,
les Filles du Rhin dans le haut; dans le bas, Albérich dans le fond des roches. Je n'ai rien dans mes souvenirs de plus féerique, de plus beau, de plus réalisé. Le mouvement des Filles du Rhin qui nagent en chantant est parfait. L'Albérich qui grimpe, qui ravit l'or; l'éclairage, la lueur que jette l'or dans l'eau, tout est ravissant. Là, comme dans tout le reste, c'est de la sensation. Pas la musique, pas le décor, pas le sujet; mais un empoignement du spectateur. Ce n'est pas le mot qu'il faut que spectateur, ni auditeur non plus, c'est tout cela mêlé. Ces messieurs (Lascoux et Bordier) sont ravis, renversés par l'orchestre et le sentiment musical de l'ensemble : absolument réussi, l'orchestre invisible! Son absence fait un grand effet : le vide! L'espace mystique est étonnant... L'impression est énorme, malgré mon manque de

LOHENGRIN ÉCLAIRANT LE MONDE

Caricature de Stop d'après le *Prélude de Lohengrin* (*Journal amusant*, 30 avril 1892).

PRÉLUDE DE LOHENGRIN

Lithographie originale 1882, reprise pour le tableau du Salon de 1892.
A M. Ch.-Ed. Haviland.

connaissance qui m'empêche de suivre d'un bout à l'autre.
Cela me fatigue plus que l'audition au piano, car l'intensité
des impressions est si forte! Et la réunion des décors, de
l'action, même la fatigue de la langue que l'on veut comprendre! Je me suis vu forcé de lâcher quelquefois, de rester
animal, de subir, de vivre sans réflexion. Je suis persuadé
pourtant que le musicien possédant sa partition, connaissant
cela comme on connaît une langue, n'éprouverait pas tant de
fatigue. Pourtant M. Lascoux vient de me dire qu'il a été dans
l'impossibilité de dormir. Moi, je dors bien, accablé par les
impressions que j'ai ressenties. Et la bière est si bonne! Nous
avons causé en rentrant vers dix heures. J'aime bien ce pays.
J'y retrouve déjà le plaisir que j'avais en Angleterre : on est
paisible. »

Le lendemain, à son réveil, quelle n'est pas la surprise
de Fantin en entendant sous ses fenêtres un gamin qui siffle
la chanson du matelot de *Tristan et Iseult!* Puis il sort, il
arpente la ville, il va voir la statue de Jean-Paul; il se rend
à la poste où il trouve deux lettres qui lui font plaisir : l'une
de son ami, le peintre Otto Scholderer, alors fixé à Londres,
qui l'engageait vivement à passer par Francfort pour y voir sa
famille; l'autre lui apprenant que son envoi à l'Exposition
d'Anvers (*Panier de roses*) était très bien placé; il flâne aux
devantures des boutiques, achète quelques souvenirs photo-
graphiques pour des amis, mais laisse de côté les cravates-
Wagner et les casquettes-Bayreuth; il mange à droite, à
gauche, là où le hasard le mène avec ses amis; il déjeune
avec tout un groupe de musiciens de l'orchestre, ce qui

l'amuse, et dîne ou soupe au restaurant du théâtre, ce qui l'enchante, en face du délicieux panorama de la ville et des coteaux qui bordent la vallée du Mein rouge. Mais le malheur est qu'il pleut toujours.

« Arrivons à la *Walküre*. C'est superbe. Splendide est la chevauchée et aussi l'ensemble des Walkyries; les reproches de Wotan, leurs cris pendant le combat, puis en face de Wotan quand elles cachent Brunnhilde, hors de toute comparaison. Une violence passionnée, inouïe. Bien fatigants les récits de Wotan, délicieux le lied du Printemps, mais mal chanté par Niemann qui n'est pas bon. Très bien Brunnhilde et Sieglinde. Belle décoration la demeure de Hunding; la porte ouverte par le printemps, l'épée dans l'arbre, grande idée poétique. Il est rempli d'imagination. Un seul reproche à faire : son idéal, trop élevé pour le théâtre, est insuffisamment rendu. Il tente l'impossible, mais aussi, quand il réussit, c'est-à-dire quand on le rend comme il le veut, c'est admirable. Les adieux de Wotan très beaux, très beaux les cris de Brunnhilde. Il y a une scène magnifique entre Brunnhilde et Sieglinde, qu'elle ramène parmi les Walkyries. Dans l'entr'acte, descendu dans l'orchestre, c'est superbe. Je comparerai cela à une magnifique cuisine, pleine d'ustensiles de toute sorte (mais je vous dirai cela). Wagner a été aperçu dans un coin du théâtre; ce furent des cris, des cris! A la fin, c'étaient des transports enthousiastes. A peine la fanfare (qui me produit toujours grand effet) se fait-elle entendre que voilà la nuit, et le Roi, suivi de Wagner, entre; mais on peut à peine les voir. Nous avons aperçu MM. Mendès, d'Indy, d'Eichthal, etc., mais il y a très peu de Français; nous faisons sensation, on est très aimable partout, très obligeant... Je ne peux pas rendre ce qui se passe ici, c'est une fête très animée. Ce théâtre dans les champs, ces belles vues tout autour, les restaurations, des bocks partout, tous ces voyageurs qui vont et viennent. Les habitants paraissent enchantés. La présence du Roi anime la ville, qui est paisible comme autrefois Versailles. Des grandes voitures partout, à l'heure du théâtre, qui se suivent; pourtant pas de cris, c'est un public choisi. Je suis enchanté d'être venu. Que je regrette de ne pas vous avoir ici! Nous irions où je vais de ce pas, à la maison de Wagner. Je vais là tous les jours, je tourne autour et je suis content. Adieu; à demain *Siegfried.* »

Pour les spectateurs de cette troisième série, comme pour ceux des deux premières qui avaient eu lieu du 13 au 17 août et du 20 au 23, la soirée la plus brillante et celle qui leur causa à la fois la surprise la plus vive et l'impression la plus profonde, ce fut celle où ils entendirent *Siegfried,* et certes, il fallait que l'enchantement et l'émotion qui se dégageaient de cette partie de l'œuvre fussent singulièrement puissants pour dépasser l'effet si violent que *la Walkyrie* avait produit la veille sur tous les assistants. Fantin ne résista pas plus qu'un autre à l'enthousiasme général, et sa troisième lettre n'est, d'un bout à l'autre, qu'une explosion de joie délirante.

« ... Il n'y a rien en musique d'aussi beau, s'écrie-t-il. J'ai été enlevé non pas seulement un moment, mais constamment et par degrés toujours plus élevés: le duo est *une scène entière,* c'est prodigieux! Mme Materna est superbe, le ténor moins bien, mais rien n'y fait, c'est la plus grande sensation encore ressentie! Oh! son éveil! presque dit seulement par l'orchestre, ravissant et sublime, et la situation, la mise en scène! Un lever de soleil comme effet, ah! que c'est beau! Les musiciens ici semblent mettre cela au-dessus des autres partitions. La scène des oiseaux est charmante, le rôle de Mime si bien chanté et joué! Voilà une surprise de trouver Wagner plein de naturel, de comique, lui, le musicien de *Lohengrin.* Ce Siegfried est si bien imaginé! Et la scène de la Forge! Une évocation d'Erda magnifique! Très belle mise en scène et beau décor pour le départ de Siegfried dans les flammes. Mais vous savez que les décors sont souvent très bien, comme dans *Siegfried,* la forge de Mime. C'est ici qu'est le fameux dragon; dans le *Rheingold,* c'était un serpent : il est bien absurde. Ce n'est que ce que l'on voit dans les féeries. Que je suis content d'être ici! J'ai vu Wagner d'assez près. Il paraît vieilli, presque tout blanc, il est très petit. Un vieux savant ou diplomate. Madame ressemble beaucoup à Liszt que l'on voit partout, toujours avec des femmes autour de lui. Le dîner et souper à la Restauration-Wagner est très amusant. Lascoux a fait connaissance avec un musicien de Montbéliard qui est un grand partisan et est venu s'offrir comme exécutant. La salle est très chaleureuse. Le Roi a été acclamé sur la proposition de M. Feustel (le banquier organisateur), ç'a été étourdissant de bruit, chapeaux en l'air, etc. Il pleut toujours, nous sommes rentrés hier par un temps! Pluie à verse, des chemins! Heureusement que nous avions

SIEGFRIED : ÉVOCATION D'ERDA

Lithographie originale (1876).

bien soupé. Menu : *Suppe Kalb,* ragoût de veau, *roastbeef* et
bière. Quelle bière ! Que je suis content d'être ici ! A demain. »

Le Crépuscule des Dieux, en revanche, exerça une action
moins immédiate et moins forte, au moins jusqu'au dernier
acte, sur des auditeurs qui ne connaissaient pas encore assez
tous les éléments dont se compose cette musique pour en
apprécier l'admirable structure et la grandeur prodigieuse.
C'étaient autant de néophytes, pleins de bonne volonté, mais
enfin des néophytes, que tous les spectateurs qui se succédèrent à Bayreuth durant cette première année, et Fantin,
comme il le dit lui-même, n'était pas assez préparé pour ne
pas trouver, avec tous ses amis, que les premières scènes de
cette quatrième partie traînaient passablement en longueur;
mais quel réveil au tableau de la chasse et quelle secousse à
la mort de Siegfried !

« Hier, grande journée, mon cher Maître ! Quel plaisir
pour un artiste que ces fêtes ! Il faisait beau. Jamais autant de
monde sur la route. Les voitures se suivent de chaque côté ;
les Wagnériens défilent, la population est sur le devant des
portes ; le Roi va passer. De l'esplanade, où nous restons un
moment, on voit tout ce mouvement : c'est superbe. On
apprête l'illumination du soir, il fait grand jour, jamais le
paysage n'a été plus charmant de ces hauteurs. La fanfare sur
l'esplanade se fait entendre, tout le monde entre, on se presse,
puis voilà un monsieur qui adresse de sa place quelques mots
à la salle, on crie, on applaudit. Il compare les Wagnériens qui
vont se séparer aux apôtres qui vont porter partout la bonne
nouvelle... La scène des Nornes, le départ de Siegfried, la

veillée de Hagen ; connaissant peu la partition, cela paraît un peu long ; mais le dernier acte est très saisissant, le trio des Filles du Rhin, la chasse, le récit, la mort de Siegfried, la marche funèbre, triple chef-d'œuvre : *musique, drame, mise en scène*. On l'emporte sur son bouclier, escorté par tous les guerriers (admirablement costumés), effet de lune sur une partie du cortège et l'autre dans l'ombre. Les nuages descendent au-dessus du cortège, paraissent le suivre et le couvrent complètement. Admirable. C'est la réussite complète de son idée que cette page, et vraiment on sent alors que rien ne peut soutenir la comparaison. C'est un art nouveau, l'art de l'avenir certainement.

» Pensez à l'ovation finale ! Une tempête, cris, chapeaux, mouchoirs, bouquets, couronnes, etc. Enfin, il paraît ! Vous n'avez pas idée de l'émotion qui vous gagne de voir cet homme, le chapeau à la main, attitude très simple, interdit, voulant parler. Derrière lui, la toile baissée, à ses pieds, ces fleurs ; les larmes me reviennent aux yeux en vous décrivant ce spectacle. Il parle... Applaudissements, et la toile tombe. Encore de grands cris, elle se relève ; alors, tous les chanteurs sont là rangés, il leur adresse quelques mots qu'il accentue par des frappements de pied comme s'il conduisait un orchestre. C'est émouvant ! On sort, nous allons donner un coup d'œil à la scène, nous nous promenons dans les coulisses, nous allons voir l'orchestre, on embrasse Wagner, on l'entoure ; Madame embrasse des dames ; on pleure, Wilhelmy paraît très ému. On se dit adieu. Liszt est très entouré ; c'est une vraie fête de famille. J'entends Wagner qui dit à des dames en français :

« Prenez garde de tomber! » avec un accent très allemand ;
il paraît fatigué, comme éteint. Ah! que je suis content d'avoir
assisté à cette fête! Combien l'on sent ici la vie! Est-ce triste
pour nous d'être obligés d'aller dehors pour assister à une fête
artistique, d'aller chercher du soutien pour notre vie d'artiste,
car cela vous fait le plus grand bien, cela rend de l'ardeur.
Je ne peux pas exprimer combien je me sens transporté. »

Qu'on se rappelle, après avoir lu ces lignes, par quelles
plaisanteries furent accueillies en France l'ouverture du théâtre
de Bayreuth et les premières représentations de *l'Anneau du
Nibelung;* qu'on se souvienne en particulier des jugements
cruellement ironiques que portèrent sur cette entreprise et
cette œuvre colossale ceux qui faisaient profession chez nous
de juger les productions de l'esprit et les créations d'art;
qu'on compare cette ignorance arrogante et têtue aux fraîches
impressions d'un artiste qui ressent naïvement les choses
sans se targuer de les juger, mais qui exprime avec une chaleur désordonnée ce qu'il a ressenti, et dites de quel côté se
trouvent, non pas seulement l'indépendance et la bonne foi
avec lesquelles Wagner a toujours demandé qu'on appréciât
ses œuvres, mais aussi la clairvoyance et la liberté d'esprit.

Les fêtes de Bayreuth sont terminées. Fantin, après avoir
rejoint M. et Mlle Dubourg à Nuremberg, s'arrête à Ratisbonne,
va visiter avec eux les musées de Munich (l'affluence des
étrangers avait forcé les trois voyageurs de se loger à Augs-

bourg), puis, sans gagner Francfort, en raison d'un deuil survenu dans la famille de Scholderer, il rentre à Paris en passant par Stuttgart et Nancy : « Je suis heureux d'avoir fait ce voyage, écrit-il dès son retour, à Edwards ; cela m'a changé les idées. Je suis gai, content, bien disposé à travailler[1] ! » Et, tout aussitôt, germe et monte dans son cerveau cette abondante moisson, si prompte à lever, de compositions idéales, lithographies d'abord, ensuite pastels et tableaux à l'huile, où les œuvres qu'il aime le plus prennent une nouvelle vie par lesquelles les maîtres qu'il admire reçoivent un hommage éclatant ; par lesquelles, lui, simple auditeur et spectateur la veille, devient poète et créateur à son tour et remercie à sa façon, en les glorifiant, Berlioz, Wagner et Schumann des souveraines jouissances qu'ils lui ont procurées.

Quelques mois seulement avant d'aller à Bayreuth, après avoir entendu aux concerts du Châtelet la deuxième exécution intégrale donnée par M. Colonne du *Roméo et Juliette*, de Berlioz (avec Mlle Vergin, MM. Fürst et Bouhy comme solistes), il avait composé sa grande scène allégorique de *l'Anniversaire*, en écrivant dans la marge : *Souvenir du 5 décembre 1875*, et cette admirable composition, d'abord esquisse à l'huile, puis dessin de même grandeur, enfin lithographie, d'où est sorti le tableau magistral appartenant aujourd'hui au musée de Grenoble, était la première qui témoignât de son culte pour Berlioz. De même, à peine revenu de Bayreuth, il prenait son crayon et traçait sur la pierre cette délicieuse scène initiale

1. Lettre du 13 septembre 1876.

LA LECTURE

Salon de 1877. — Musée de Lyon.

de *l'Or du Rhin,* qui devint par la suite un pastel, puis une huile, en inscrivant au bas cette dédicace reconnaissante : *A monsieur A. Lascoux, souvenir de Bayreuth.* C'est ainsi qu'à peu de mois d'intervalle, il se sentit dominé, conquis, emporté par ces maîtres, et que les délicieuses émotions qu'il avait éprouvées en écoutant leurs chefs-d'œuvre agirent fortement sur son imagination créatrice et le poussèrent dans une voie où il ne pensait guère à s'engager, quoiqu'il y dût marcher leur égal.

Il faut se rappeler, en effet, qu'avant ces grandes compositions lithographiques de *l'Anniversaire* et du *Rheingold,* Fantin n'en avait encore dessiné que six, entre lesquelles trois seulement avaient trait à la musique : d'abord la première de toutes, le *Venusberg,* de *Tannhæuser,* composé en 1862 sous le coup de l'indignation que l'échec de cet opéra à Paris lui avait causée et de la joie qu'il avait ressentie en entendant jouer la célèbre Marche du concours aux Concerts populaires : ensuite celles : *A la mémoire de Robert Schumann* et *la Fée des Alpes,* qui jaillirent de son cerveau, où elles couvaient depuis longtemps peut-être, à l'occasion des fêtes organisées à Bonn en l'honneur de Schumann, durant le mois d'août 1873. Est-ce à dire pour cela que, sans la vive émotion que lui causèrent l'audition de *Roméo et Juliette* et la représentation de *l'Anneau du Nibelung,* Fantin ne se serait pas senti entraîné quelque jour, comme il l'avait été déjà en deux circonstances, vers les figures musicales qu'avaient évoquées les maîtres chers à son cœur? Non certes, et ce serait exagérer que d'aller jusque-là ; mais n'y ayant pas été poussé

par une force irrésistible, il aurait mis sans doute, dans une
tâche poursuivie à bâtons rompus, moins d'élan, moins de
fièvre et n'aurait peut-être pas produit une suite aussi nombreuse, aussi riche de ces lumineuses transpositions de la
poésie et des sons en dessins, en couleurs.

Il ne m'appartient ni de les dénombrer ni de les juger,
— car je ne fais office ici ni de catalogueur ni de critique,
— mais ce que je puis, ce que je dois dire, l'ayant vu mieux
que personne, c'est combien Fantin se laissait facilement
entraîner à une besogne qui le charmait, et comment, un
auteur de ses amis lui ayant demandé certain jour de vouloir
bien dessiner un simple frontispice pour un ouvrage en préparation sur Richard Wagner, le peintre, de fil en aiguille,
ne composa pas moins de quatorze lithographies, jugeant plus
naturel de glorifier ainsi chacune des grandes œuvres du
maître, de telle façon qu'un peu plus tard, il se vit comme
obligé d'en faire autant pour Berlioz, et qu'il le fit, du reste,
avec autant de joie et d'aussi bon cœur. Nul doute, assurément, que si le même ami l'avait prié de se remettre à la
besogne afin d'honorer par leurs communs efforts, et chacun
dans la mesure de leurs forces, le génie de Robert Schumann,
il ne s'y fût prêté avec un empressement tout pareil.

Car, entre tous les musiciens, c'était bien l'auteur de
Manfred qu'il admirait le plus vivement, qu'il aimait le plus
tendrement, si j'ose dire, et dès 1872, il pensait à composer
en son honneur un grand tableau semblable à celui dont il
rêvait également pour Berlioz et qui, celui-là, devait rapidement aboutir. « Que penseriez-vous, écrivait-il à Edwards le

20 décembre 1872, d'un groupe ou d'une procession de jeunes filles, des Muses, par exemple, venant orner et décorer le tombeau de Robert Schumann avec des fleurs?.. Dans une esquisse que j'ai faite, il y a une jeune fille, le buste nu, avec une poignée de roses blanches qu'elle vient apporter sur le tombeau qui est une grande pierre droite et où il y a une inscription : *In memoriam,* etc. » Et les demandes se pressent sous sa plume : Comment honorer dignement cet « admirable poète musicien » ? Faut-il peindre autour de son monument des jeunes filles, ou des Muses, ou la Musique et la Poésie, ou les personnages mêmes de ses créations? N'est-ce pas là une besogne au-dessus de ses forces? Comment rendre un digne hommage à un tel créateur avec les moyens dont lui-même dispose, et ne serait-il pas très désolé de mal l'honorer? Qu'Edwards et sa femme, qui n'admirent pas moins que lui Schumann, lui prodiguent avis et conseils, à lui, qui ne s'est encore ouvert de ce projet qu'à son ami Maître... En suite de quoi parurent deux lithographies, réalisant chacun de ces deux projets : d'abord, celle dont il est question plus haut, datée de 1873, qui représente une jeune fille, à demi nue, déposant une gerbe de fleurs sur la tombe du maître; puis, vingt ans plus tard, celle où toute une théorie de jeunes femmes, guidées par un génie ailé, se dirige avec recueillement vers une stèle surmontée du buste de Robert Schumann.

Schumann, Berlioz, Wagner, tels étaient les maîtres vers lesquels la pensée de Fantin se tournait de préférence et dirigeait son crayon : ce sont, de toute évidence, ceux dont les inspirations et les créations parlaient le plus à son esprit,

à son cœur ; mais Brahms aussi, qu'il aimait et défendait
d'autant plus qu'il le sentait plus injustement combattu chez
nous, excita plus d'une fois son imagination ; Rossini ne fut
pas sans lui inspirer une ou deux compositions ; Weber en fit
éclore au moins une, et s'il ne s'est jamais mesuré avec
Beethoven, ce ne fut pas faute de l'admirer, croyez-le bien ;
c'est plutôt parce qu'il l'admirait trop... Et puis, quel besoin
Beethoven, acclamé par tout le monde musical, avait-il de
son aide ? En quoi le peintre, qui, dans le fond, mais sans y
tendre, faisait œuvre de propagande et se tournait d'instinct
vers les génies que la foule ignorait ou combattait encore,
aurait-il pu être du moindre secours à l'auteur de *Fidelio* et
de la *Symphonie avec chœur*, et ne valait-il pas mieux qu'il
employât tous ses efforts, qu'il rassemblât toutes ses forces
pour faire triompher dans la musique, ainsi qu'il l'a toujours
fait dans la peinture, les génies souverains à qui les igno-
rants, les envieux et les beaux esprits ont si longtemps barré
la route en France?

A ROBERT SCHUMANN

Lithographie originale 1893 .

CHAPITRE IV

Ces deux tableaux-ci, presque les derniers de leur genre dans l'œuvre entier du peintre, sont ceux sur lesquels, en ma double qualité de modèle et de futur possesseur, j'en ai su, dès l'origine, autant que l'auteur en personne, car je me rappelle leur préparation, leur enfantement d'aussi loin que Fantin pouvait s'en souvenir lui-même. Je n'ai rien ignoré des hésitations par lesquelles il a passé avant d'entreprendre la plus importante de ces deux toiles, j'ai suivi de jour en jour les progrès de son travail; enfin j'ai là, devant moi, pour contrôler mes souvenirs, nombre de documents certains, esquisses et lettres du peintre ou lettres d'un ami commun, qui sont arrivés entre mes mains après la mort de l'un et de l'autre et n'ont pas été sans me rappeler beaucoup de choses qui sommeillaient au fond de ma mémoire. Mais quelle mélancolie me gagne en feuilletant tous ces papiers, croquis ou billets, que nous étions plusieurs autrefois à regarder, à nous communiquer et qui reprennent aujourd'hui pour moi toute leur signification, dans les moindres détails!...

*
* *

« Voici une nouvelle d'art très fraîche et très sûre, et de la dernière importance. Ce matin, lundi, 12 de janvier 1885, à 9 heures et un quart, M. Fantin-Latour, chevalier de l'Ordre de Léopold, a résolu de peindre à l'huile une toile de plus de deux mètres, représentant une lecture au piano. Le piano sera un *crapaud* et le pianiste Emmanuel Chabrier, tout en peau, ayant autour de lui MM. Vincent d'Indy, Camille Benoît, Adolphe Jullien, Amédée Pigeon et Edmond Maître, — et peut-être M. Antoine Lascoux (s'il daigne) et M. Jacques Blanche (s'il est nécessaire). L'ordre des séances de pose sera très prochainement indiqué à M. Jullien, qui est d'ores et déjà invité à soigner son teint... »

Voilà en quels termes Edmond Maître m'annonçait ce que notre ami venait de décider, non sans qu'il eût longuement pesé le pour et le contre avant de reprendre ses pinceaux pour peindre un tableau tel qu'il n'en avait pas composé depuis de longues années. Le dernier de ce genre qu'il eût entrepris et terminé, le *Coin de table,* remontait à l'année 1872. Après avoir groupé des peintres et des hommes de lettres devant le portrait de Delacroix auquel ils rendaient hommage, ou autour de Manet peignant dans son atelier des Batignolles; après avoir représenté plus spécialement des poètes devant le cadre vide où devait d'abord figurer Baudelaire, Fantin avait souvent caressé le projet de compléter cette série par une quatrième toile, où la Musique serait glorifiée après la Peinture et la Poésie. L'idée lui souriait de célébrer l'art auquel il devait des jouissances tellement vives qu'il regrettait parfois, comme nous l'avons vu le marquer à ses parents, de n'avoir pas reçu du ciel le don de création musicale et, tout d'abord, il aurait conçu l'hommage qu'il désirait rendre à la Musique sous la forme d'un chœur de dames, en groupant là, sans doute, les divers modèles féminins qu'il avait représentés ailleurs, un livre sur les genoux, devant un métier de brodeuse ou la palette à la main.

« Si je trouvais des femmes, je ferais une répétition d'un chœur de dames, écrivait-il à Edwards dès le mois d'octobre 1872. Un musicien au piano, tournant le dos au public (par conséquent, ce serait l'accessoire, le prétexte), et tout autour du piano et derrière une série de jeunes filles et femmes chantant. Quel joli bouquet! » Mais comment composer ce « bouquet » et, à défaut des personnes dont il était sûr, connaissant leur exactitude et leur façon de poser, n'aurait-il pas dû recruter des modèles parmi ces dames et jeunes filles du monde auxquelles il refusa, dès qu'il le put, le concours si souvent sollicité de ses pinceaux, tant il aurait été exaspéré d'avoir à subir ou leurs fantaisies incessantes, ou les observations saugrenues que celles-là qui payent très cher se croient toujours en droit de faire, soit par elles-mêmes, soit par la bouche de leurs amis, aux peintres les plus considérables? N'est-ce pas là, du reste, une des raisons, je dirai même la raison capitale du refus que Fantin opposait presque invariablement aux demandes qu'on lui faisait de peindre des gens qu'il ne connaissait pas, des personnes en face desquelles il se serait trouvé pour la première fois, ou peu s'en faut, le jour de la première séance de pose ?

Il semblait que cet admirable peintre de portraits dût être comme habitué aux figures qu'il se proposait de porter sur la toile, qu'il dût être d'avance en communion avec ceux qu'il allait portraire. Et combien sont rares les personnes qui, sans préparation, rien que par une démarche habile ou une parole opportune, ont su le surprendre en quelque sorte et le décider à les accepter pour modèles du jour au lendemain ! Il fallait voir avec quelle inquiétude il écoutait toute proposition de ce genre, même émanant de gens à qui il aurait souhaité d'être agréable ; avec quelle insistance il se défendait d'être un peintre de portraits, au sens propre du mot, ne faisant jamais poser devant lui, disait-il, que des personnes de sa famille ou des amis, plus rarement de simples connaissances ; avec quelle joie il renvoyait ces solliciteurs à ceux de ses illustres confrères qui faisaient vraiment métier de peindre des portraits et ne s'en lassaient pas ; quel soupir de soulagement il poussait enfin lorsque ces visiteurs importuns se décidaient à battre en retraite et qu'il avait fermé la porte sur eux.

Deux autres points difficiles à concilier préoccupaient également Fantin, dès qu'il pensait à ce tableau. D'une part, il était très décidé, s'il se mettait jamais à l'œuvre, à n'admettre sur cette toile aucun compositeur, aucun musicien, dont la réputation fût telle qu'il dût écraser les autres modèles ou donner à cette assemblée un caractère de petite école ou

PORTRAIT DE Mme LÉOPOLD GRAVIER

Salon de 1890. — A M. Léopold Gravier.

de cénacle, car il ne se reconnaissait pas, à lui peintre, le droit de faire une sorte de manifestation musicale semblable à celle qu'il avait faite avec son *Hommage à Delacroix*. D'autre part, il voulait que le personnage principal qu'il placerait au piano ne fît pas là simplement office de mannequin et que, sans avoir une notoriété trop grande, il fût cependant bien à sa place devant un clavier. Ces hésitations auraient pu durer longtemps, et cela malgré mes exhortations — «Il s'est beaucoup occupé du tableau; il a été beaucoup pour me décider à le faire, » dit Fantin en parlant de moi dans une lettre à Mme Edwards[1], — si le hasard ne l'eût remis un jour en face d'Emmanuel Chabrier, qu'il avait perdu de vue après l'avoir souvent rencontré au quartier Latin.

C'est à l'enterrement d'Édouard Manet qu'ils se retrouvèrent, au printemps de 1883 : « A propos, dit tout à coup le peintre au musicien, seriez-vous homme à poser dans un tableau, assis au piano, entouré de gens qui vous écouteraient? — Certainement et de grand cœur. » A partir de ce jour, le projet de Fantin prit tout à fait corps, et, s'il ne l'exécuta pas sans désemparer, le temps lui manquant pour faire de ce tableau son envoi au Salon de 1884, il se réserva d'y revenir dès l'hiver suivant. Et ses divers modèles, en plus de Chabrier, furent effectivement ceux que Maître m'annonçait dans sa lettre : d'abord Maître et moi-même, ses convives du lundi soir, ainsi qu'Amédée Pigeon, dont il avait fait la connaissance à propos d'un article très finement écrit sur ses tableaux; puis

1. Lettre du 29 octobre 1885.

Antoine Lascoux, avec qui il avait assisté aux premières représentations de *l'Anneau du Nibelung*, à Bayreuth ; de jeunes compositeurs, élèves de Franck, qu'il avait entrevus justement aux soirées de musique qui se donnaient chez Lascoux : MM. Camille Benoît et Vincent d'Indy, l'un amenant l'autre ; enfin le violoniste Boisseau, qui faisait également partie de ces réunions intimes et remplaça dans le groupe le jeune peintre Jacques Blanche auquel il se peut que Fantin ait d'abord songé, mais qui ne fut jamais invité à y figurer.

Avant même de nous convoquer, Fantin avait presque établi son tableau dans sa tête, ainsi que le prouve une première esquisse, très vague et ne comprenant que sept personnages, en date du 26 décembre 1884 ; mais du moment où il nous eut tous réunis devant lui, son plan définitif fut très vite arrêté : dès son premier grand croquis, le peintre était comme fixé et n'apporta plus à son projet, dans les deux croquis suivants, que des corrections de détail, arrêtées à la date du 19 janvier 1885. Aussitôt qu'il nous eut campés sur la toile et qu'il se mit à peindre, il renonça aux séances générales et nous fit poser isolément ou par petits groupes, et c'est seulement à la fin, presque à la veille d'expédier son tableau au Salon, qu'il nous réunit tous encore, afin de juger de l'effet d'ensemble. Des ambitions cependant, s'étaient éveillées dans le monde musical à l'annonce du tableau qui allait voir le jour, et plus d'un étranger aurait souhaité de s'y glisser par manœuvre habile ou démarche d'amis complaisants ; mais c'était peine perdue avec Fantin, qui ne craignait rien tant, je le répète, que d'avoir l'air de faire une manifestation musicale et qui écartait de son tableau non seulement tout accessoire, tout buste ou portrait significatif, mais aussi toute personnalité un peu marquante. C'est ainsi, pour n'en citer que deux, qu'il refusa nettement d'y introduire, soit Charles Lamoureux, qui était alors le champion le plus déterminé de la cause wagnérienne en France; soit César Franck, que ses trois élèves Chabrier, d'Indy et Benoît auraient désiré voir présider en quelque sorte à cette réunion.

« Madame, écrivait Fantin à Mme Edwards le 25 février 1885, je vous envoie un croquis du tableau; je n'y mets pas de femmes. Ce sont toujours des réunions d'artistes que je fais, et non des réunions du monde, que je ne connais pas et dont j'ai horreur : on ne peut rien faire avec ces gens-là aujourd'hui. Ils sont de plus en plus stupides. Celui-là est la suite des autres tableaux : les Peintres, les Poètes, les Musiciens... » Et, deux mois plus tard, peu de temps avant l'ouverture du Salon, où Fantin avait envoyé son tableau, il présentait par écrit ses divers modèles à Mme Edwards, qui, entre eux tous, ne connaissait encore que Maître, pour l'avoir rencontré rue des Beaux-Arts lorsqu'elle venait à Paris, chaque année, à l'époque du Salon : « Voici les noms des personnages de *Autour du piano*. Celui qui joue du piano est Emmanuel Chabrier, compositeur de grand talent. A côté, paraissant tourner les pages au pupitre, Camille Benoît, qui a traduit des écrits de Wagner, et aussi compositeur; derrière lui, le chapeau sur la tête et la canne à la main, Adolphe Jullien, critique d'art musical, sévère pour nos prétendus musiciens français, auteur de plusieurs ouvrages sur le théâtre du siècle dernier; près de lui, entre les portes, **M. Boisseau**, violoniste à l'Opéra et au Conservatoire. A côté de Lascoux, debout, la cigarette à la main, Vincent d'Indy, compositeur d'avenir: la tête dans la main, assis et le dernier de ce côté, Amédée Pigeon, qui est au *Figaro* pour le Courrier d'Allemagne et qui vient de faire un livre très intéressant intitulé : *L'Allemagne de M. de Bismarck.* Tous wagnéristes [1]! »

Autour du piano fut donc exposé au Salon de 1885. Malgré tant de précautions prises pour que la peinture seule attirât l'attention des connaisseurs, sans que des figures trop connues

A lively Sunday at Home, with all Hymns and no Hers.

Un joyeux dimanche à la maison, avec eux tous et sans elles.

Plaisanterie en anglais de fantaisie, par analogie de prononciation entre les mots *hymns* hymnes) et *hims* barbarisme créé pour signifier : eux)].

Caricature du *Punch*, de Londres, d'après *Autour du piano* (3 juillet 1886).

fixassent les regards des badauds, — remarquez qu'en 1885 Chabrier n'était rien de plus que l'auteur d'*España* et que, si M. d'Indy avait déjà produit les trois parties de *Wallenstein*, il n'avait pas encore fait exécuter son *Chant de la Cloche*, qui venait seulement d'être couronné au concours de la Ville de

1. Lettre du 19 avril 1885.

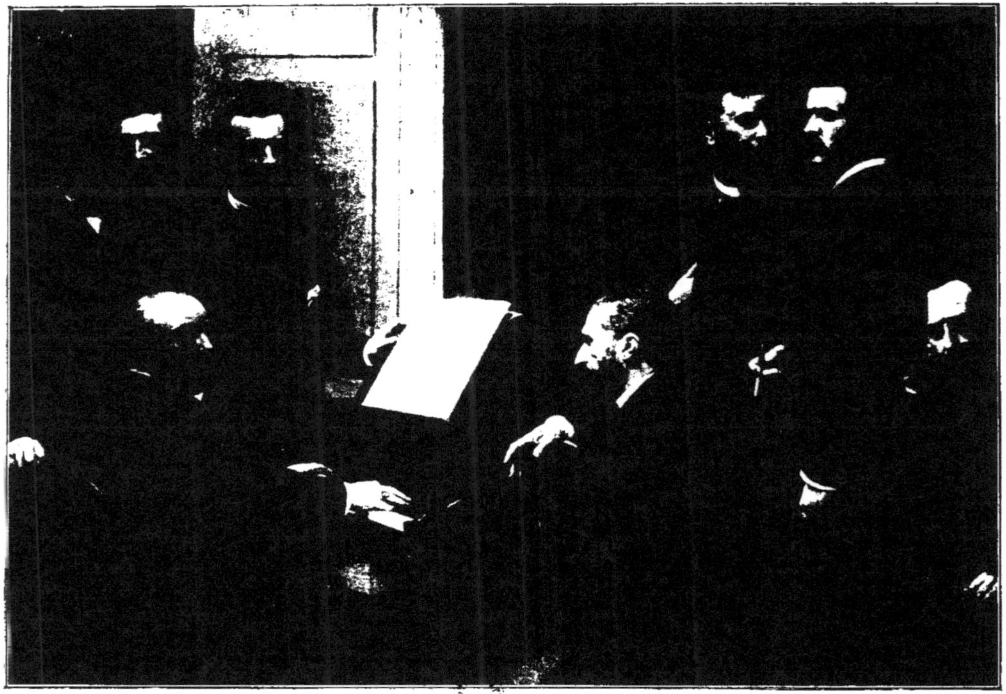

Adolphe Jullien — Arthur Boisseau — Camille Benoit — Emmanuel Chabrier — Edmond Maître — Antoine Lascoux — Vincent d'Indy — Amédée Pigeon

AUTOUR DU PIANO

Salon de 1885. — A M. Adolphe Jullien.

Paris, — Fantin ne put pas empêcher le public de se demander, devant cette toile si vivante et si puissante, quels étaient ces individus ainsi réunis autour d'un pianiste et d'un piano. Les visiteurs qui se prétendaient bien informés renseignaient leurs amis; d'autres s'ingéniaient à mettre des noms sur ces visages et ne manquaient pas généralement de reconnaître le compositeur Paladilhe dans l'homme au chapeau, ce qui aurait dû me flatter infiniment, et de trouver un Saint - Saëns très ressem-

Le grand *De profundis* du maestro Chabrier, chanté par MM. S, T, U, V, X, Y et Z.

Caricature de Stop, d'après *Autour du piano* (*Journal amusant*, 2 mai 1885).

blant dans le personnage à cheval sur une chaise, ce qui faisait beaucoup rire Maître. Aussi Fantin, voyant que sa réserve allait au rebours de ses intentions, exaspéré surtout de voir qu'on aimait à découvrir là des hommes qu'il n'aurait jamais accepté de peindre, voulut-il couper court à ces méprises. Après le Salon de Paris, *Autour du piano* avait été expédié directement à Londres, chez Mme Edwards, pour être présenté à l'*Academy*, qui le reçut et l'exposa en

1886 [1] ; mais, ensuite, lorsque Fantin envoya sa toile au Salon triennal de Bruxelles, en 1887, puis à Munich, l'année suivante, il fit ce qu'il n'avait jamais voulu faire jusque-là et dessina un petit cartouche explicatif, afin de rendre à ses différents modèles leur véritable état civil, leur notoriété généralement très modeste et leur rang de simples débutants dans la carrière des lettres ou des arts [2].

Le hasard, cependant, un hasard assez naturel après tout, puisque tous les gens ici représentés n'étaient pas trop vieux, avait fait, comme Fantin l'écrivait à Mme Edwards, que ces divers musiciens, amateurs ou critiques avaient des préférences communes, une admiration plus ou moins vive pour Richard Wagner, et se trouvaient de la sorte en communauté d'opinions avec celui qui faisait leurs portraits ; or, ce simple hasard avait suffi pour que, dès avant son apparition, ce tableau fût communément désigné sous ce titre alors quelque peu menaçant : *Les Wagnéristes*. De quelque façon qu'on le désigne, il ne faut le rattacher à aucune école ou coterie musicale ; il faut surtout se garder d'évoquer à ce propos le souvenir du « Petit Bayreuth », car s'il est vrai que ce tableau

---

1. « ...Je risque l'*Academy* carrément ; il n'importe que je sois refusé ! Mon tableau sera vu par les Académiciens, et n'est-ce pas le plus sérieux public malgré tout ? Cela me suffirait presque. Mon refus ne passerait pas inaperçu, je pense. » Ainsi parle Fantin à Mme Edwards dans sa lettre du 29 octobre 1885, lettre où il se dit « très touché » des offres que je lui avais faites ou plutôt que je lui avais fait faire par Maitre, et qui commence ainsi : « Je suis bien content : j'ai trouvé un acquéreur pour *Autour du piano*!... »

2. Ces dates des divers voyages d'*Autour du piano* à l'étranger sont les seules exactes, quoiqu'elles diffèrent de celles qu'on pourrait trouver dans d'autres publications.

parut au moment où les réunions wagnériennes, organisées et
dirigées par Lascoux, prenaient de l'extension et s'intitulaient
plaisamment « Petit Bayreuth », c'était là une coïncidence
toute fortuite, et plus d'un des personnages ici représentés
n'avait jamais pris part, ni comme exécutant, ni comme
auditeur, aux exercices musicaux qui, après avoir commencé
dans le salon de Lascoux, rue de l'Université, avaient lieu
tantôt dans l'atelier du peintre Toché, tantôt chez Mme Pelouze,
et devaient se terminer par de véritables concerts, où tous
les wagnéristes de Paris brûlaient de se faire inviter, dans la
salle de la Société d'Encouragement pour l'Industrie nationale, en face de Saint-Germain-des-Prés.

Il ne reste plus aujourd'hui qu'un souvenir lointain de ces
appellations batailleuses, et c'est sous ce titre d'une impré-
cision très réfléchie : *Autour du piano,* auquel Fantin s'était
tout de suite attaché, que ce tableau a conquis la célébrité.
Il complète, après l'*Hommage à Delacroix,* après *Un Atelier
aux Batignolles,* après *Un Coin de table,* la série des grandes
toiles où le maître peintre a groupé divers artistes, hommes
de lettres ou libres esprits de son temps et qui seront plus
tard, qui sont déjà, tout mérite de peinture mis à part, des
documents très utiles à consulter pour la vie intellectuelle et
artistique de la fin du XIXe siècle. Et que ressort-il des détails
que je viens de donner sur cette toile aussi bien que des
esquisses qu'on trouvera plus loin? C'est que rarement peintre
eut l'idée plus nette à la fois du tableau qu'il voulait faire et
des conditions dans lesquelles il le voulait entreprendre, puisqu'il ne se mit au travail que lorsqu'il les trouva réunies ;

c’est aussi qu’il était tellement possédé de son sujet et l’avait tellement dans la tête que, dès qu’il prit ses crayons, il jeta presque du premier jet sur le papier le tracé définitif de cette grande composition.

Il ne balança pas davantage et ne montra pas moins de décision lorsque, se mettant en face de l’ami à qui il avait assigné une place un peu sacrifiée dans *Autour du piano,* il entreprit de le peindre assis devant sa table de travail, en train d’écrire, ou plutôt se préparant à écrire quelque article ou quelque livre semblable à celui qu’il avait déjà publié sur Richard Wagner, l’aide du grand peintre ne devant pas plus lui manquer pour honorer l’auteur de *la Damnation de Faust* qu’elle ne lui avait fait défaut pour glorifier celui de *Tristan et Iseult.* Ici, trois esquisses, très vite ébauchées (la première fut tout de suite écartée et les deux autres se ressemblent de très près), suffirent à Fantin pour poser son personnage, pour établir ce portrait qui vint deux ans après *Autour du piano* et semble s’y rattacher, puisque le peintre reprenait un de ses modèles pour le traiter isolément et le mettre en pleine lumière, après l’avoir d’abord rejeté dans l’ombre. Et sitôt que la demande lui fut faite de peindre son ami Adolphe Jullien, Fantin y souscrivit sur l’heure, avec d’autant plus d’empressement, qu’il savait qu’il pouvait compter sur l’exactitude et la patiente immobilité d’un modèle qu’il avait déjà pu juger, mais auquel il allait beaucoup plus

GŒTTERDÆMMERUNG : SIEGFRIED ET LES FILLES DU RHIN
Lithographie originale 1884.

Bari   2 Sept. 67

Mon cher Jullien
Je vous remercie de
votre lettre et c'est
avec plaisir que j'ai
vu que Trouville et les
Pompes! ne vous ont pas
dérangé; Que Toujours
Berlioz vous préoccupe...
Il vous faut un beau
livre, plein de documents
sérieux. Vous aurez de la
peine avec ce Romantique
ne le taquinez pas trop
sur les erreurs. Dans ce
beau temps du Romantisme on
n'y regardait pas de si
près et l'on ne Demande

si la vie n'était pas plus
amusante alors.
Si vous pouviez ajouter
tout ce que vous allez
trouver des faits et gestes
avec ses amis artisti-
comme Madame Sand×
et Henri Heine, chez
Sand il y a du voir Listz
Chopin, Meyerbeer Belzac
Delacroix, que disait-on
de lui? Dans Heine il est
souvent question de lui
Il y a tas de choses qui
ne sont pas dans les
mémoires et qu'on
trouverait certainement
parmi les gens de son
temps - Gérard de Nerval
× Il y a quelque part des lignes
sur lui

n'en a-t-il rien dit?)
Il y a le temps aussi
où il est venu chez
Courbet, je me rappelle
un éreintement par Champfleury
dans les sensations de Josquin
je crois; il faut lui coller
cela au dos. On voit que
dans le monde réaliste
on le blaguait — Il était
venu là, pensant trouver
des partisans. Les romantiques l'ayant lâché comme ils
ont lâché Hugo et Delacroix
La légende des siècles
Les sujets antiques de
Delacroix les Troyens
n'ont pas été compris
même par les partisans

Cela me fait penser à ce
que me disait un jour Préault
de Delacroix "c'est comme
des Lettres de Versailles —
Gambetta disait, sa Mythologie
En somme l'Artiste doit
primer tout. dans Berlioz
c'est un Original ; comme
l'on dit dans le Dauphiné
Ici rien de nouveau.
J'engraisse, ne travaille
qu'à l'Obligatoire, tête
à vos Illustrations et vous
envoie des Compliments
de Tous ici et vous prie
de présenter nos respects
à Madame votre mère
Je vous envoie aussi un
Article de Discret Pigeon
Bonjour à Maître
bien à vous H. Fantin

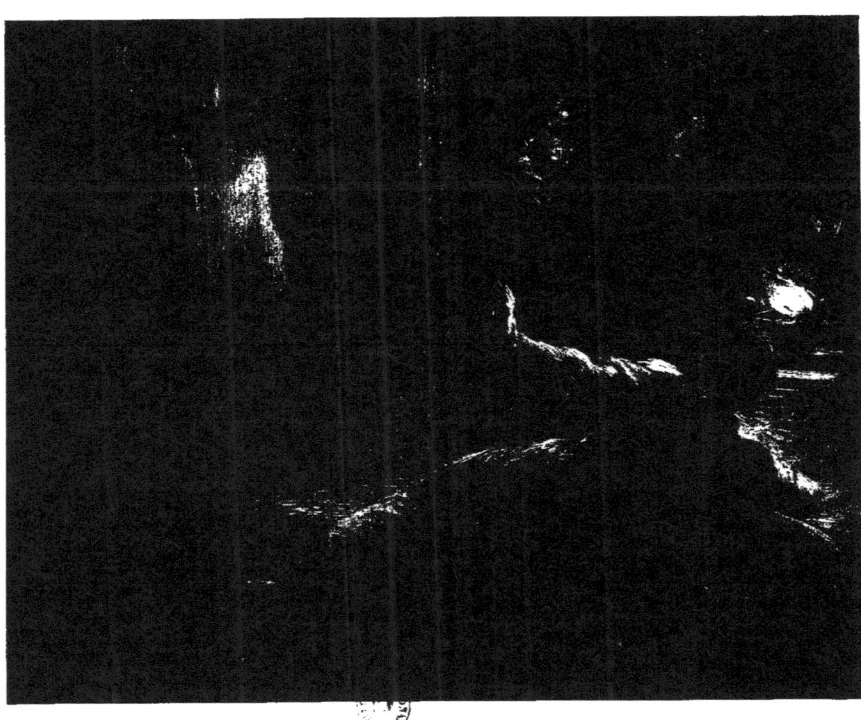

LA PRISE DE TROIE : APPARITION D'HECTOR A ÉNÉE

Lithographie originale (1880).

demander. Le peintre, en effet, avec un ami qui semblait être à ses yeux un véritable modèle, et dont il ne craignait pas de se servir, travaillait comme pour lui-même, et se complaisait dans sa besogne : « Mon portrait de Jullien marche, écrivait-il à Mme Edwards le 6 février 1887; il pose très bien, et est très intéressant à faire[1]. » En sorte que plus de trente séances, de quatre heures environ chacune, me retinrent dans l'atelier de la rue des Beaux-Arts; plus de trente séances, dont la première eut lieu le 19 janvier et la dernière le 15 mars; séances très agréables, du reste, où la conversation ne languissait jamais entre le modèle et ses hôtes, et coupées d'un bon moment de repos pour déguster le thé quotidien, lorsque trois heures sonnaient à l'horloge de l'Institut[2].

Lui, pour se distraire et s'encourager au travail, ne laissait pas que de provoquer quelque discussion sur n'importe quel point où d'avance il savait que je ne serais pas de son avis; mais il fallait voir sa surprise lorsque, déjouant sa manœuvre, il m'arrivait d'éluder le débat qu'il cherchait et de rompre les chiens. Plus il avait d'affection pour les gens, plus il aimait à les taquiner, à commencer par une des per-

---

1. A rapprocher de cette phrase de Fantin dans une lettre qu'il adressait à Edwards, le 29 mars 1865, à propos de son tableau du *Toast* : « Oui, pour nous, sans modèle qui ne pose pas bien, il vaut mieux ne rien faire. Chaque jour, je l'éprouve. »

2. Dans la lettre reproduite ci-contre (p. 137-140) le « déménagement pour Bruxelles » dont Fantin me parle était le départ d'*Autour du piano* pour l'Exposition générale des Beaux-Arts qui allait avoir lieu dans cette ville, du 1er septembre au 1er novembre 1887.

sonnes qui lui tenaient le plus au cœur après sa femme, et si j'en juge par sa façon d'être avec moi, soit durant les charmants dîners du lundi soir, soit pendant nos longues séances de pose, je n'étais sûrement pas un de ceux qu'il aimait le moins. Entendez bien cependant que ces taquineries étaient très inoffensives et n'avaient rien que de très cordial. C'était un de ses amusements préférés que de prendre les gens en flagrant délit d'ignorance, de les pousser à parler de ce qu'ils connaissaient mal, surtout de la peinture, et, volontiers, si l'on se gardait à carreau avec lui et qu'on évitât d'aborder les sujets sur lesquels il vous guettait, il vous tendait quelque piège et cherchait à vous y faire tomber.

Il me souvient, en particulier, d'un jour où, certain écrivain étant venu l'entretenir d'une brochure qu'il projetait de publier sur lui, en quêtant de droite et de gauche divers articles ou jugements, et lui ayant demandé quelles gens avaient qualité, à ses yeux, pour se prononcer sur son compte, Fantin, après avoir nommé différents critiques d'art des plus connus, imagina de m'indiquer. Il me souvient de la joie avec laquelle il m'annonça que j'allais enfin avoir à donner mon avis sur sa peinture et du plaisir qu'il éprouvait à voir ma mine embarrassée, avec quelle insistance il me répétait que je devais prendre la plume et m'exécuter, que je ne pouvais pas me dérober à la question, comme je paraissais vouloir le faire, etc., etc. La brochure parut et voici ce que Fantin put y lire, sous ma signature : « Monsieur, vous voulez bien me demander mon opinion sur « l'art et l'œuvre » de Fantin-Latour; voici ma réponse : Il y a déjà plus de trente ans que

je suis lié avec Fantin d'une solide amitié, scellée par une
collaboration dont je m'honore et j'espère que nos bonnes
relations ne sont pas près de finir. Si cela ne vous suffit
pas... Avec mes salutations empressées. » Et comme je ris à
part moi, quand je le revis, de son air déconfit, de son :
« Eh bien! vous n'en dites pas long, vous, quand on vous
interroge! », qui trahissait son dépit d'avoir été si bien
deviné et déjoué!

Mais revenons à mon portrait. Ces aimables réunions,
auxquelles le modèle avait pris goût, ne s'arrêtèrent que
lorsque le peintre dut poser ses pinceaux et envoyer ce portrait, tout frais, au Salon de 1887, en même temps que celui
de Mlle Charlotte Dubourg, daté de 1882 et contemporain, par
conséquent, de ceux de Mme Henry Lerolle et de Mme Léon
Maître. C'est sans doute pour faire honneur au peintre et à
son modèle féminin que chacun de ces deux portraits, celui
de son ami comme celui de sa belle-sœur, fut accroché en
très belle place, dans le salon central, en face de chacune
des portes d'entrée, si bien qu'on les apercevait dès qu'on
arrivait sur le large palier du grand escalier du Palais de
l'Industrie. Et ce portrait, qui reçut des critiques les plus
grands éloges, à propos duquel M. Gustave Geffroy, notamment, félicitait l'auteur d'avoir montré combien il « excellait
à peindre les physionomies écoutantes de ceux qui vivent
parmi les livres et dans une atmosphère musicale[1] », eut
également l'heur de frapper vivement les visiteurs les plus

1. *La Justice*, 7 juin 1887.

superficiels lorsqu'il fut exposé au Salon de Bruxelles, en 1890, ou encore lorsqu'il reparut à Paris même, à l'Exposition des Portraits d'écrivains et de journalistes du siècle, en 1893. N'est-ce pas à propos de cet envoi que la presse

M. Adolphe Jullien faisant un pensum pour avoir dit du mal de Wagner.

Caricature de Stop, d'après le *Portrait de M. Adolphe Jullien* (*Journal amusant*, 30 avril 1887).

belge, presque unanimement, insistait sur le plaisir que les amateurs éprouveraient à trouver ainsi réunis deux noms chers au public bruxellois, ceux du peintre et de l'écrivain qui s'étaient associés pour la glorification de ces deux grands artistes : Hector Berlioz et Richard Wagner[1] ?

Que deux ou trois années s'écoulent encore, et Fantin renoncera complètement à faire des portraits (il n'en peignit pas plus de trois après le mien, et les derniers qu'il ait signés : ceux de sa nièce, Mlle Sonia Yanowski, devenue Mme de Nikanoff, et de Mme Léopold Gravier, datent de 1889-90), tant ce

1. « Il me semble que ce Salon s'annonce bien, m'écrivait Fantin, de Buré, le 18 septembre 1890, après avoir reçu un lot de journaux belges ; j'envoie ma carte à MM. Fétis et Champal. Il me semble très bon d'avoir un article comme celui-là dans l'*Indépendance*. N'allez pas faire votre tête : « *Tête originale!!* » Cela se lisait en effet dans l'article très chaud de M. Édouard Fétis ; quant à M. Champal, qui écrivait à *la Réforme*, il avait jugé que le portrait d'homme exposé par Fantin, « merveilleux de simplicité, était un véritable monument

PORTRAIT DE M. ADOLPHE JULLIEN

Salon de 1887. — A M. Adolphe Jullien.

maître portraitiste, à mesure qu'il s'élevait dans son art, en
percevait mieux les difficultés, semblait être pris d'inquiétude
en face du modèle vivant, bien qu'il eût conscience de sa
force, et mettait une ardeur, un acharnement qui l'éner-
vaient à vouloir atteindre un degré de perfection où il redoutait toujours de ne pas parvenir. De là vient que, lorsqu'il se
trouvait en face d'individus qu'il ne craignait pas de fatiguer,
— et ce fut le cas pour les deux tableaux dont je puis parler en pleine connaissance de cause, — il ne se lassait pas
de travailler, je ne dirai pas pour modifier son œuvre, car,
encore une fois, il la concevait très rapidement d'ensemble
et la jetait sur la toile avec une sûreté surprenante, mais
pour y mettre plus d'accent, plus de relief, plus de vigueur,
pour pénétrer au plus profond de ses modèles et donner
d'eux une image animée d'une puissante vie intérieure.
« Ah ! le peintre franc, véridique ! s'écriait M. Roger Marx,
justement à propos du portrait qui vient de nous occuper ;
comme il saisit le moral de la ressemblance, comme il
excelle à rendre l'enveloppante caresse de ce jour d'intérieur
où il place ses modèles[1] ! »

artistique ». C'est encore à l'occasion de ce Salon qu'un rédacteur de
l'Étoile belge, ayant qualifié le modèle choisi par Fantin de « célèbre chef
d'orchestre français », reçut de Paris une lettre de remerciements qui se
terminait ainsi : « Je n'ai jamais battu la mesure. Écrivain, critique, histo-
rien musical, tant que vous voudrez ; mais non pas chef d'orchestre — heureusement pour les chanteurs. Remettez-moi donc, je vous prie, à ma vraie
place, afin que Joseph Dupont ne prenne pas ombrage et me donne
encore la main lorsque j'irai à Bruxelles. »

1. *Le Voltaire*, 1ᵉʳ mai 1887.

*
* *

Un témoin de tous les jours pouvait seul raconter avec une exactitude absolue, à propos de ces deux tableaux de Fantin, comment ils furent conçus et comment ils furent exécutés sans l'ombre d'une hésitation. Aussi voudra-t-on bien m'excuser d'avoir profité des avantages que me donnaient mon âge et mes longues relations avec Fantin pour narrer par le menu l'historique de ces deux toiles; en ajoutant encore, afin de ne rien laisser dans l'ombre, que les lignes si simples de la pièce où nous sommes groupés autour du piano et la place de l'instrument empiétant sur une porte étaient empruntées au salon même où Lascoux donnait ses réunions de musique, et que le morceau ouvert sur le pupitre était non pas de Richard Wagner, mais — combien de ces Wagnéristes féroces affectaient d'en rougir! — de Johannès Brahms.

Sur ma demande, après coup, Fantin, quoiqu'il n'aimât guère à revenir sur un travail dont il se croyait délivré, fit un dessin au crayon, très poussé, d'après mon portrait — afin que ma mère n'en fût pas absolument privée pendant que l'original courrait le monde — et un léger croquis, à l'encre de Chine, d'après *Autour du piano* : croquis et dessin sont encore entre mes mains. En ce qui concerne *Autour du piano,* il est opportun de spécifier que ce croquis, mesurant 17 centimètres de haut sur 24 de large, est le seul que Fantin ait fait d'après son grand tableau, et si j'insiste là-dessus, c'est

qu'il m'est revenu que certain amateur se flattait de posséder
un dessin de Fantin, à l'encre de Chine d'après *Autour du
piano* : il m'en coûte, assurément, de détruire une illusion,
mais comment ne pas le faire? Il existe bien un autre dessin
à l'encre d'après ce tableau, mais qui n'est pas de Fantin :
il fut fait par M. Félix Jazinski et publié dans *l'Art* en juil-

CARTE DE FANTIN-LATOUR

Annonçant qu'il viendra vernir son *Autour du piano*.

let 1885. Il est reconnaissable, ainsi que toutes les épreuves
qui en furent tirées, à ce que les figures et les habits sont
beaucoup plus travaillés, que mon chapeau et l'intérieur du
dessus du piano sont très noirs et qu'enfin la signature, en
haut, à droite, très accusée, presque toute droite et suivie
du chiffre 83 (date fausse), n'a aucun rapport avec l'écriture
de Fantin, tandis que dans le croquis de Fantin lui-même, la
signature est beaucoup plus légère, plus penchée et n'est suivie d'aucune mention d'année...

Et comment mieux terminer qu'en exhumant une page
bien oubliée de vous sans doute, à supposer que vous l'ayez
jamais lue, où l'auteur de *Bruges-la-Morte* a magistralement
caractérisé le talent du peintre d'*Autour du piano* : « Le mérite
de cette œuvre, c'est, avant tout, son grand style, l'habileté
du peintre à avoir saisi les traits essentiels, exprimé la vie
par la synthèse. C'est bien une chambre d'art, celle qui
groupe ainsi autour du piano les musiciens français de la
jeune école, — avec Vincent d'Indy, l'auteur de *la Cloche,*
au centre, — tandis que Chabrier exécute une musique qui
rend méditatifs tous ces visages d'artistes. On dirait qu'ils
veulent saisir l'infini qui passe dans la musique. On songe à
une autre œuvre où les personnages ont aussi le même naturel, la même tension de tout l'être pensant, la même occupation d'âme; c'est la sublime page de Rembrandt : *la Leçon
d'anatomie,* où toute la passion sereine de la science solennise
la scène, comme ici la passion douloureuse de l'art[1] » ? -

1. *Revue générale,* de Bruxelles, octobre 1887.

PARSIFAL : ÉVOCATION DE KUNDRY

Lithographie originale (1883).

CHAPITRE V

FANTIN-LATOUR DANS L'INTIMITÉ

Lorsqu'on pénétrait, au fond d'une cour de la rue des Beaux-Arts, dans la remise transformée en atelier, aux murs gris, sans aucun luxe, avec des ébauches du peintre ou des copies de tableaux du Louvre accrochées un peu partout, et qu'on se trouvait en face de cet homme légèrement trapu, toujours vêtu d'un pantalon et d'un veston gris foncé, à la barbe courte, aux cheveux clairsemés et grisonnants qui s'envolaient derrière une sorte de visière en carton qu'il mettait pour peindre; lorsqu'on entrait dans cet intérieur si calme où le maître et Mme Fantin vivaient loin du monde, ne sortant que le moins possible et pleinement heureux d'être l'un auprès de l'autre, il semblait qu'on vît s'ouvrir la retraite du sage et, dans cette sorte de thébaïde où nul bruit n'arrivait du dehors que le son de l'horloge de l'Institut, on se serait cru à cent lieues de Paris.

Mais à voir la chaleur que le peintre mettait dans ses discours, dans ses boutades, dans ses paradoxes; à voir l'insistance avec laquelle il interrogeait les visiteurs pour connaître

l'envers des choses, à voir comment il entretenait la culture
de son esprit par des lectures du soir, toutes très sérieuses
et sans jamais sacrifier à la mode, il était clair que ce quasi-
reclus volontaire, qui n'ouvrait que très difficilement sa porte
et son cœur, que ce philosophe qui ne voulait plus prendre
aucune part ni aux luttes, ni aux plaisirs de la vie et se can-
tonnait dans son modeste *home*, à l'écart de toutes les vaines
discussions du monde, avait conservé, contrairement aux
apparences, une âme très ardente, un esprit très vif, très ba-
tailleur, et était en réalité beaucoup moins détaché des événements extérieurs qu'il ne voulait le paraître. Il ne descendait plus dans l'arène, mais il regardait combattre les autres
et prenait même très vivement parti pour ceux-ci ou pour
ceux-là.

Cet homme, qui ne redoutait rien tant que de voir de
nouveaux visages, était dans le fond très accessible à ceux
qui savaient pénétrer lentement dans son affection et n'entraient pas chez lui comme en pays conquis pour lui demander quelque travail, fût-ce au poids de l'or, ou lui arracher
sur lui-même des renseignements qu'il donnait volontiers,
d'ailleurs, mais à la longue, à bon escient, et lorsqu'il connaissait bien les gens. C'était un timide plus encore qu'un
sauvage, mais un timide qui avait de terribles coups de bou-
toir et ne pardonnait guère à ceux qui avaient eu la maladresse
de l'indisposer. Combien n'en ai-je pas vu de ces visiteurs,
de ces passants qui croyaient pouvoir entrer là comme chez
n'importe quel autre peintre et s'en retournaient l'oreille basse,
sans avoir obtenu ni le portrait qu'ils auraient voulu lui faire

faire, ni les renseignements qu'ils pensaient obtenir de lui !

En réalité, Fantin n'eut qu'un seul atelier, celui de la rue des Beaux-Arts, n° 8, où il était entré le Vendredi-Saint (10 avril) de l'année 1868 et qu'il ne devait jamais quitter. Jusque-là, il avait toujours travaillé dans l'atelier ou plutôt dans quelque grande pièce de l'appartement de son père : d'abord : 1, rue du Dragon, puis au 31 de la rue de Beaune[1], enfin, rue Saint-Lazare, où il avait peint ses grands tableaux de l'*Hommage à Delacroix* et du *Toast*[2], puis, très peu de temps, rue de Londres. Mais cette fugue sur la rive droite, où sa famille avait été attirée par des amis, ne fut pas de longue durée — rien que six ans — et dès que sa mère fut morte, en juillet 1867, son père et lui revinrent sur leur chère rive gauche, au n° 11 de la rue des Saints-Pères : c'est alors que Fantin occupa l'atelier de la rue des Beaux-Arts. Et telle était sa joie d'avoir enfin un « chez soi » qu'il écrivait à son ami Edwards, le 14 juillet 1868 : « Aujourd'hui le monde est parti à la campagne ; je reprends avec rage le travail au Louvre ; j'étais bien en retard ; je me suis donné tant de peine à ces portraits! Le dimanche et le lundi (les deux jours où le Louvre était interdit aux travailleurs), je fais des natures

1. Ici l'appartement était si petit, que le père de Fantin lui avait loué une chambre où il allait coucher dans une maison de la rue Férou, qui abritait aussi d'autres artistes : Carolus Duran, Zacharie Astruc, etc. Whistler, quand il s'était attardé dans le quartier, venait quelquefois demander l'hospitalité à son ami, et c'est ainsi qu'il fit un jour le croquis qui représente Fantin encore au lit, le chapeau sur la tête, et s'amusant à dessiner.

2. Cette maison, qui portait le n° 79, a disparu lors des démolitions entreprises pour établir une grande place et un square devant la Trinité.

mortes; je suis dans les pêches et les abricots. J'ai déménagé, je suis dans un atelier. Oh! je suis bien là, seul. Et mon premier atelier, pensez à mon bonheur; enfin, en avoir un à soi seul! A trente-deux ans, il est temps! J'ai une petite vie bien tranquille; je me renferme et je vis dans les rêves, des illusions sans doute. Enfin, cela rend les fous joyeux. »

La vie du peintre s'est écoulée tout entière, on peut le dire sans nulle exagération, entre les salles du Louvre et son atelier. Dès qu'il eut goûté du bonheur d'avoir un « chez soi », il y resta le plus possible et fréquenta moins le Louvre, mais il restait toujours sous l'influence des maîtres auprès desquels il avait cherché longtemps le pain quotidien de l'art. De là tant d'esquisses où lui-même avait plaisir à reconnaître les grands peintres dont le souvenir traversait sa pensée; de là tant de projets jetés par lui sur le papier dès la première heure, qu'il laissait dormir et reprenait un beau jour, après de longues années, pour en faire quelque tableau ou quelque lithographie, comme on s'en assurerait en feuilletant les albums de croquis que sa veuve a donnés au musée du Luxembourg et à celui de Grenoble. Et n'a-t-il pas lui-même, en des termes d'une sincérité charmante, célébré l'attrait, toujours nouveau pour lui, de ces besognes incessamment répétées du matin et du soir? « Le charme de l'esquisse, écrit-il, est cette chose impossible à déterminer, à affirmer; le charme est dans son incertitude que chaque spectateur achève à son idée. On y voit ce que l'on veut. C'est un peu comme la sonate qui fait rêver, chacun selon son goût, ceux qui ont de l'imagination et le goût du rêve... Ces esquisses

PORTRAIT DE Mlle CHARLOTTE DUBOURG

Salon de 1887. — A Mlle Charlotte Dubourg.

sont des hommages, des actes d'admiration envers des maîtres
que j'aime; c'est un peu comme si l'on chantait des mélodies
que l'on aime, comme aussi des variations sur un thème que
l'on admire. On essaye ainsi ses forces en se mettant dans
les idées d'un autre avant d'avoir les siennes; on se rend
compte ainsi des choses, pourquoi ceci, pourquoi cela. C'est
en faisant des esquisses que j'ai compris tous ces maîtres du
passé[1]... »

Que va-t-il faire encore au Louvre, le matin, dès qu'il a
quelque loisir? Des esquisses, toujours des esquisses, « pour
se maintenir dans la bonne voie ». Et que fait-il le soir, alors
qu'il ne peut plus peindre? « Je cherche, dit-il un peu plus
loin, dans quantité d'anciens projets, les idées qui me semblent
les plus propres à être exécutées, je les mets en train, à la
lueur de la lampe, et les peins le lendemain. La vie est ainsi
remplie. Quand je retrouve tous ces vieux projets, toutes
ces esquisses dans les albums ou sur de petits bouts de papier,
je me dis : « Qui aurait pensé qu'un jour je retrouverais
tout cela avec intérêt et m'en servirais et le continuerais? Je
ne sais qui a dit que l'on passait sa vie à exécuter les projets
de sa première jeunesse? On les abandonne parce que l'on
n'est pas capable de leur donner une forme; c'est le savoir
qui ne vient qu'avec l'âge qui en permet l'exécution[2]. » Ne
serait-ce pas Gœthe qui parlait à peu près de la sorte, et Fantin, par cette hésitation, ne faisait-il pas tort à son admirable
mémoire[3]?

1-2. Lettre à Edwards, du 30 décembre 1871.

3. C'est dans ses *Mémoires* (*Vérité et Poésie*) que Gœthe, développant le

Tant que son père vécut, Fantin demeura avec lui, d'abord
rue des Saints-Pères, ensuite au 82 de la rue Bonaparte, dans
une maison donnant sur les jardins du séminaire de Saint-Sulpice, et même, à la fin, comme le vieux peintre était dans un
état d'esprit assez faible, son fils ne le quittait chaque soir, le
plus souvent pour venir rue Taranne, qu'après l'avoir vu se coucher, presque s'endormir. Plus tard, lorsque son père fut mort
et que lui-même se fut marié, son installation rue des Beaux-
Arts prit un caractère définitif par la location d'un modeste
appartement communiquant avec son atelier par un escalier
intérieur. Et tout aussitôt commencèrent là ces charmantes
réunions d'amis, ces petits dîners tout intimes de quinzaine, le
lundi soir, où Fantin groupa d'abord son ami Maître et le
critique Duranty — « Je crois qu'il vous plaira, écrivait-il en
1866 à Edwards; c'est un garçon très intelligent, on peut
causer avec lui, ce qui est si agréable, des questions artistiques les plus élevées »; — où j'arrivai moi-même lorsque
Duranty n'y était déjà plus, dont Amédée Pigeon devint également un convive attitré à dater de l'époque où nous posions
pour *Autour du piano*. Je vis paraître aussi là quelquefois,
à de lointains intervalles, soit le critique Arsène Alexandre,

vieux proverbe allemand : « Ce qu'on désire dans la jeunesse, on l'a dans la
vieillesse en abondance », écrit, entre autres choses qui s'étaient comme cris-
tallisées dans l'esprit de Fantin : « Nos désirs sont les pressentiments des
facultés qui sont en nous, les précurseurs de ce que nous sommes capables
de faire; ce que nous pouvons et que nous désirons s'offre à notre imagination hors de nous et dans l'avenir; nous espérons ce que nous possédons
déjà sans le savoir. C'est ainsi qu'une anticipation ardente transforme une
possibilité véritable en une réalité imaginaire. » *Mémoires de Gœthe*, trad.
Jacques Porchat; 2ᵉ partie, livre IX.

soit Germain Hédiard, lorsque son travail sur l'œuvre lithographique de Fantin eut fait de lui un des visiteurs les plus assidus de l'atelier de la rue des Beaux-Arts ; soit le frère d'Amédée Pigeon, professeur à la Faculté des sciences de Dijon, très passionné pour tout ce qui touchait à la photographie, qui essayait de nous prendre le soir au magnésium et n'arrivait le plus souvent qu'à faire des images où presque toutes les personnes avaient brusquement fermé les yeux.

Fantin, qui détestait tellement le monde, aimait beaucoup au contraire ces repas d'intimité, toujours très fins, après lesquels il évoquait force souvenirs ou cherchait à piquer amicalement ses convives, ces petites soirées qui se terminaient entre dix et onze heures par une excellente tasse de thé. Et s'il m'était permis de coudre à ces souvenirs d'art quelques souvenirs de cuisine, je dirais quelle sollicitude il avait pour les amis qu'il traitait, comment il ne manquait presque jamais, ces jours-là, d'aller chercher des cigares de choix pour les fumeurs ou de rapporter quelque excellent fromage pour ceux qui en étaient aussi friands que lui. Quels délicieux Chester, quels Gorgonzola incomparables, quels Stilton exquis, quels merveilleux Sassenage — en souvenir du Dauphiné sans doute — il m'a été donné de déguster là, et comme ils étaient les bienvenus chez moi, ces fromages de pays qu'il m'expédiait de Buré, ces Gacé, proche Camembert, qu'il m'écrivait devoir tenir agréablement leur partie dans la symphonie odorante des fromages !

Fantin avait toujours été l'homme de ces réunions intimes, de ces libres causeries entre amis, que ce fût au café Molière,

au café de Bade, au café Guerbois ou chez son ami Maître :
« Il y a là, dans l'atelier, M. Edwards, Ridley, un de ses amis,
Mme Edwards. On cause, » écrivait-il de Sunbury à ses parents dès 1861. Aussi avait-il été très heureux, sitôt marié,
de reconstituer ces petites réunions chez lui, de se retrouver
au milieu d'amis éprouvés sans avoir à enlever ses chaussons, ses chers chaussons auxquels il se montrait déjà si fort
attaché lors de ses visites à Sunbury ; mais il évitait toujours
avec horreur réceptions et réunions, il s'était soustrait à
toute obligation mondaine et ne savait plus depuis longtemps
ce que c'était qu'un habit noir. Si Fantin fuyait tellement le
monde, c'est qu'il en avait peur et s'y sentait mal à l'aise ;
mais ce n'était pas là seulement une répulsion instinctive ;
c'était aussi que, lorsqu'il avait été forcé d'entrer en contact
avec lui, il avait senti tout le vide et toute la fausseté de ses
usages et de ses formules et qu'il en avait souffert, principalement lorsqu'il avait dû faire quelques séjours dans des
châteaux de la Brie ou de l'Anjou.

A une seule époque de sa vie, au moment de ses voyages
en Angleterre, au milieu de ce luxe et de ce confort qui
l'avaient tellement surpris, il avait eu quelques velléités d'élégance et s'était vu forcé de se commander un habit noir :
« Si tu me voyais en habit, écrivait-il de Londres à sa mère,
en 1864, je suis splendide ; j'ai payé le tailleur, j'en ai eu à
peu près pour 350 francs. » Mais il avait eu bien vite assez
de cette vie de visites et de présentations, de ces fêtes et réceptions, de ces dîners au champagne, toujours en habit, toujours
en cravate blanche. Cependant, lorsqu'il était revenu en France,

LA NUIT

Salon de 1897. — Musée du Luxembourg.

il s'était ressenti quelque temps de ce changement d'habitudes :
« Oh! que le pauvre peintre a de peine à se remettre! écrivait-il
à Edwards, le 27 novembre 1864. Il ne fait rien, flâne, flâne,
flâne toujours; on le voit partout, mais non pas à son chevalet. Il est devenu l'homme des salons. Ma mère est enchan-
tée, je m'occupe beaucoup de mes gants, de savoir s'ils seront
assez frais; ma cravate va toujours mal! » Et ne s'avise-t-on
pas, dans le monde, de le trouver aimable; de le dire à sa mère,
parce qu'un jour, en revenant d'une soirée, il avait offert son
bras à une jolie jeune fille? « Partout où je vais, on répète à
ma mère : Oh! votre fils est charmant. (Charmant! le mot
a été dit!) Pourquoi était-il si ours? Il faut l'amener, le distraire. Oh! mais cela ne va pas durer, j'espère. J'en ai honte :
c'est abrutissant. » Et le fait est que cela ne dura guère : au
bout de peu de mois, cette crise d'élégance de la vingt-huitième
année avait pris fin.

*
* *

Au moment même où Fantin était le plus séduit par la vie
anglaise, il faut voir de quel œil il regarde et de quelle plume il
décrit le monde où il est, les personnes qu'il coudoie et
jusqu'à la figure qu'il doit faire là : « Ah! si vous saviez ce
que je m'embête, écrit-il à Edwards, le 4 septembre 1864, de
Mytton-Hall, où il avait entrepris le portrait de Mme Potter;
non, cela ne peut pas se dire. Dans ce moment, de ma fenêtre,
je vois des coteaux; des églises sont là et l'on sonne les
cloches : c'est triste à mourir. Oh! que je regrette d'être venu
et, je crois aussi, Whistler; mais il ne le dit que le moins

possible. Je ne fais que m'habiller : c'est la redingote, c'est
l'habit noir! En passant le pantalon le soir, vers sept heures,
j'injurie Whistler qui est très gentil et le supporte assez bien.
On boit beaucoup et l'on mange très bien, mais de ces nourri-
tures de salon, des miettes de quantité de choses. A table, des
jeunes frères, pas gais; une demoiselle, la sœur, peu plaisante.
M. Potter est, lui, très gentil, mais ne pense qu'à bien vivre :
la douceur même, embrasse ses enfants comme du pain. Et
que d'enfants! Tous ceux d'Haden, ce qui fait quatre, puis
quatre ou cinq de Potter; des bruits impossibles. Mme Haden,
la seule qui eût été agréable, est malade et garde la chambre.
Non, c'est comme un fait exprès... Quand je serai chez vous,
je vous ferai la reproduction de ma tenue ici : le départ
pour s'habiller, l'entrée au salon au crépuscule, le domes-
tique entrant pour annoncer le repas; moi, splendide, en
noir, prenant ou cherchant à prendre une pose à la chemi-
née; Mme Potter, en grand fla fla, bras nus, bracelets, un tas
de choses. Moi, alors, j'arrondis mon bras et le présente.
Nous entrons dans la salle à manger; je cherche des mots,
que je ne trouve pas : c'est à mourir de rire. Hier, j'ai pensé
à l'aspect que je devais avoir; j'ai cru que j'allais partir d'un
éclat de rire. Je vais finir par apprendre à me tenir très bien,
à savoir bien mener à table. Oh! le jour d'Haden, ce sera splendide : je représenterai l'homme du monde!... »

Avec tout cela, cet homme un peu sauvage et je ne dirai pas
bourru, mais brusque et renfrogné lorsqu'il le voulait, qui disait
volontiers de lui-même à propos des avances que Mme Meurice
lui avait faites en le voyant peindre au Louvre : « J'ai fait

l'ours, » n'était pas tellement « mal léché » qu'il ne pût s'adou-
cir, non pas lorsqu'on le flattait, mais lorsqu'on laissait
échapper quelque parole heureuse, qui le mettait en sympathie
avec vous, ou lorsqu'il se laissait aller à quelque mouvement
d'indulgence dédaigneuse. Et nulle histoire ne le prouve
mieux que celle du portrait de Mlle Marguerite de Biron qui
lui fut particulièrement pénible et se termina comme vous
allez le savoir.

C'est en 1867, à l'heure où le succès du *Portrait de Manet*
avait signalé Fantin à l'attention des amateurs et lui avait valu
des commandes qui auraient pu, s'il avait continué, le classer
comme peintre attiré du grand monde, qu'il avait accepté de
se rendre au château de Fontenay-Trésigny, pour peindre le
portrait de Mlle de Biron, un modèle tout à fait aimable et qui
se prêtait à lui jouer quelques-uns de ses morceaux favoris,
comme *le Joyeux laboureur*, de Schumann. « J'ai été faire un
portrait à la campagne et je le termine en ce moment à Paris,
écrivait-il à Edwards le 25 novembre 1867... J'ai fait et je fais
beaucoup d'efforts pour faire de la peinture très poussée et
et je m'en trouve très bien : il s'ouvre devant moi des horizons
inconnus. A un moment, il faut bien faire des choses très
achevées, cela me sert beaucoup pour voir très large. Je fais
un portrait d'une demoiselle de dix-huit ans, très jolie, en
robe blanche et rubans cerise, mi-corps, la main posée sur
une chaise ; dans le fond, un meuble avec des fleurs ; et faire
un portrait dans ces données si connues, en peintre, avec des
moyens si loin de la beauté de la nature, cela est terriblement
difficile. Quelquefois, je suis perdu dans ces difficultés. Joignez

à cela la vie de château, le monde autour de moi, les distractions, les séductions de toute espèce, la tenue de l'habit noir
pour dîner au moment où il serait si doux de se reposer;
puis passer la soirée au salon, au milieu de conversations sans
intérêt pour moi! »

Quoi qu'il en fût, ce portrait, que le peintre avait traité avec
un soin infini, touchait à sa fin, et Fantin comptait déjà sur
le succès qu'il ne pouvait manquer d'avoir au Salon, lorsque
Mme de Biron, prise de scrupules qui paraîtraient aujourd'hui
bien étranges, revint sur sa promesse et fit savoir au peintre
qu'elle désirait que le portrait de sa fille ne fût pas exposé.
Et cela huit jours avant l'expiration du délai pour les envois
au Salon de 1868, sans que Fantin eût le temps de faire
ou même de terminer un tableau quelconque. Il se résigna
cependant, très désolé dans le fond, mais sans récriminer
contre ce *veto* tardif d'une mère inquiète. Oui, mais n'apprit-
il pas plus tard qu'afin de faire entrer son œuvre dans une
série symétrique de portraits de famille, on l'avait coupée en
ovale, en supprimant des mains qu'il avait faites aussi fines,
aussi élégantes, aussi vivantes que possible? Et plus tard
encore, après qu'il était devenu célèbre et que les propriétaires
du portrait se furent avisés qu'en coupant les mains, ce qui
n'était pas une perte, on avait aussi coupé la signature, ce
qui était grand dommage, ne vit-il pas arriver chez lui l'ambas-
sadeur d'un membre de la famille qui lui demanda le plus
simplement du monde de vouloir bien resigner sa toile ainsi
mutilée? Fantin fit un haut-le-corps de surprise — et signa.

Par un revirement singulier, Fantin, qui, adolescent,

L'ÉTUDE

Salon de 1883. — A M. Guillaume Charlier.

avait fréquenté beaucoup les théâtres avec son père, surtout
les théâtres gais, et qui, jeune homme, avait suivi toutes les
représentations de l'ancien Théâtre-Lyrique, au boulevard du
Temple, — quelle source inépuisable de souvenirs communs
pour nous deux! — s'était sur la fin tout à fait détourné des
concerts et des théâtres : il disait que cela le fatiguait, l'éner-
vait, d'entendre de la musique, et peut-être était-ce vrai, tant
il y concentrait toutes les forces de son esprit et de sa volonté.
Je l'ai encore vu se déranger pour aller voir jouer *Béatrice
et Bénédict*, de Berlioz, à l'Odéon; à l'Opéra-Comique, *les
Troyens*, dont il avait été un des auditeurs assidus en 1863,
ou même, à l'Opéra, l'*Aïda* de Verdi, vers qui il était revenu,
ainsi que son ami Maître, après avoir été passablement tiède
et presque hostile : rappelez-vous ce qu'il disait de *la Traviata*
et l'exaspération que lui causait à Londres le *Miserere* du
Trouvère.

En ce qui regarde Wagner, il se laissa entraîner à
l'Opéra pour y voir jouer *Lohengrin*, *la Walkyrie*, *Tannhæuser*
et *les Maîtres Chanteurs de Nuremberg*. — « Nous sommes ravis,
c'est plein de vie, écrivait-il à Mme Edwards le 19 novembre
1897, après avoir assisté à la première représentation. On voit
que Wagner était satisfait de son sort à l'époque où il com-
posait cet ouvrage; » — mais ce fut tout, et lorsque arrivèrent
Siegfried et *Tristan et Iseult*, Fantin sut tenir bon contre les
exhortations de ses amis et les sollicitations de son entourage
immédiat : ni pour Wagner, ni pour Berlioz, ni pour personne
il ne se dérangea plus jamais. En réalité, Fantin, surtout après
qu'il se fut marié, n'alla plus que rarement dans les concerts

et presque jamais au spectacle; tous ses appétits de musique étaient satisfaits par les séances de piano à quatre mains que son ami Lascoux donnait avec un ancien magistrat, M. Grattery, et dans lesquelles ces deux amateurs exécutaient avec passion les opéras de Wagner.

Lascoux ne faisait que continuer les traditions de son père, le conseiller à la Cour de Cassation, chez qui avaient eu lieu jusqu'en 1870, des séances intimes de quatuors de musique classique. Fantin avait dû être introduit là par son ami Maître, ainsi que le peintre Bazille, et quand on les voyait tous trois arriver dans ce milieu tranquille et bourgeois : « Tiens! voilà les Manet! » s'écriait-on avec une terreur affectée. Les séances de piano à quatre mains du fils s'étaient bientôt transformées en séances de quatuors où l'on jouait surtout des œuvres de Schumann, de Brahms; où les auditeurs ouvraient eux-mêmes la porte aux nouveaux arrivants, où l'on pouvait, tout en écoutant, ou fumer ou boire à satiété d'excellent vin d'Arbois; où l'on aperçut quelquefois M. Saint-Saëns, M. Messager, Chabrier, M. Fauré, qu'on appelait déjà, mais par façon de plaisanter, le Schumann français ; où Svendsen ne manquait pas de venir, quand il était à Paris, et tenait même une partie de violon.

Après les quatuors, simples ou doublés, les transcriptions de fragments de *Parsifal* arrangés pour petit orchestre par M. Humperdinck tout exprès pour Lascoux; après quatre exécutants, dix, vingt, trente, au nombre desquels figuraient parfois Garcin, Lamoureux, Maurin, sous la direction de Lascoux; après quinze ou vingt auditeurs, tous intimes, cent, deux cents, trois cents, convoqués par des invitations qu'on sollicitait de toutes parts, et puis tout à coup plus rien. L'organisateur de ces séances, excédé du bruit qu'elles faisaient dans Paris et des compliments qu'on lui adressait en affectant de le traiter, au détriment du magistrat, non plus comme un simple amateur qui s'amuse, mais comme un professionnel de la musique, jugea bon d'arrêter ces divertissements musicaux : dès lors Fantin n'entendit pour ainsi dire plus du tout de musique...

Encore qu'il fût, dans l'intimité, d'humeur assez gaie et qu'il rît volontiers en se rappelant d'anciennes pièces du Palais-Royal, son théâtre favori, Fantin, dans le courant de la vie, était plutôt un concentré, je ne dis pas un morose, et son amitié, pour solide qu'elle fût, ne se manifestait jamais d'une façon très expansive : il fallait plutôt deviner et sentir l'affection qu'il vous portait et savoir la savourer. Lui-même en convenait d'ailleurs et s'en disculpait assez drôlement dans ses lettres à ses parents à propos de quelque fête oubliée, sans doute celle de sa mère et de sa sœur Marie... « Ah! diable, vos fêtes, écrivait-il le 20 août 1861, je ne connais pas tout cela. J'écris peu, c'est vrai, mais quand j'écris, c'est pour vous, c'est parce que cela me fait plaisir. Que me fait ceci : C'est la sainte Ceci; c'est la sainte Cela? Eh bien! si je vous avais écrit, pour vous demander des bretelles le jour de ma fête, le jour de la Saint-Henri... Ah! qu'en dites-vous? Elle est bonne, celle-là?... » Ou encore, un peu plus loin, comme sa mère avait dû mal prendre ce ton cavalier : « Ma chère maman, n'accusez pas votre fils comme cela; je ne fais pas grand bruit de mes affections, je ne comprends pas les grandes protestations, mais j'aime bien. Je suis très malheureux même de ne pouvoir pas dire ce que je sens. Tu pardonneras cet oubli bien involontaire, je t'assure. J'ai des défauts bien grands, je le sais (paresse), mais je ne crois pas être si insensible que vous le supposez. Mais cacher ce que j'éprouve est une chose que je ne peux empêcher, et les affections demandent, je crois, du mystère et une mutuelle compréhension. *S'aimer, sans le dire,* pour finir par une bêtise... »

— Fantin-Latour... Une pièce de Wagner?
— Mais non... *Les Cloches de Corneville.*

Voyez par ci... voyez par là
Voyez, voyez... Parsifal !

Caricature de Henriot, d'après *Parsifal et les Filles-Fleurs* (*L'Illustration*, 6 mai 1893).

Et de même que, plus tard, dans les lettres qu'il m'écrira de Buré, Fantin me marquera toujours sa reconnaissance pour le peu de nouvelles que je lui envoyais de Paris, non sans quelques pointes à l'adresse de ceux qui, comme Maître ou Pigeon, avaient la plume moins facile, de même dans la dernière de ses lettres d'Angleterre à ses parents, il écrivait : « ...Je sens que je vais travailler. Le travail artistique, c'est tout, je veux faire des chefs-d'œuvre; il n'y a rien d'autre. C'est une consolation, c'est la seule qui peut faire consentir à vivre. Si je n'avais pas cet espoir, je voudrais mourir. Que la vie est absurde autrement! Ce n'est qu'illusions qui s'envolent, que bonheur d'un moment, puis il y a les tristesses qui viennent; je redoute toujours la fin

PARSIFAL ET LES FILLES-FLEURS

Lithographie originale 1885, reprise pour le tableau du Salon de 1893.
A M. Ch.-Éd. Haviland.

du bonheur. Écrivez-moi; cela est si agréable de recevoir une lettre, on se sent aimé d'autres qui pensent à vous[1]. »

Il faut voir encore avec quelle émotion il annonce à Edwards le départ et le mariage de sa chère sœur Marie, après huit ans d'attente (elle attendait que le fiancé qu'elle aimait eût une position assurée, c'est-à-dire le grade de colonel dans l'armée russe), et la douleur que lui cause cette séparation, d'autant plus cruelle, que la jeune fille avait dû partir seule pour Varsovie où le mariage allait se célébrer, chez des amis, la guerre de la Prusse contre l'Autriche ayant hâté ce mariage, en même temps

— On a donné à votre père, ce matin.

Caricature de Stop, d'après *Parsifal et les Filles-Fleurs* (*Journal amusant*, 6 mai 1893).

qu'elle empêchait les parents de Fantin de se rendre si loin, sans être sûrs de pouvoir, au retour, retraverser l'Europe en feu.

« Enfin, tout est achevé, elle nous a quittés, écrivait-il à Edwards. Jugez des douleurs de la séparation; cela a été très pénible. Je ne me sens plus ce que j'ai été, cela m'a vieilli

1. Lettre du 19 septembre 1864.

beaucoup. Si ce n'était l'attente et l'angoisse de la séparation, c'est un bien pourtant pour elle... Il a trente-sept ans et un bel avenir devant lui; vous voyez que c'est une bonne chose pour elle qui n'était plus jeune (vingt-neuf ans) : je craignais toujours que cela n'arrivât pas[1]... » Et tout de suite après, il ajoute : « Vous comprenez pourquoi, malgré tout le plaisir que j'aurais de vous voir, il m'est impossible d'aller à Sunbury cette année. Me voilà seul enfant pour mon père et ma mère; je ne peux les laisser seuls maintenant, n'est-ce pas? Ce serait cruel et je les aime tant. Je sens que c'est mon devoir et c'est bien le plus vrai de tous les devoirs. Je crois même que cela est des plus fortifiants pour le travail. Je veux leur donner du bonheur, leur faire passer leur vieillesse dans la tranquillité, l'aisance et même, si je le peux en travaillant beaucoup, leur donner du bien-être, du luxe. On doit être si sensible à cela en vieillissant. Ma récompense sera le bonheur de les voir heureux; mais le pourrai-je[2]?... »

Et quel coup ce fut pour Fantin que la maladie et la mort de sa mère arrivant juste au moment où il avait le plus de raisons d'être heureux, car au milieu de la bruyante colère de tous les refusés, lui, avait vu recevoir son tableau! Ce tableau, qui était le portrait de Manet, avait vivement frappé tous les jurés et gens de l'administration qui avaient pu l'entrevoir avant l'ouverture du Salon. « Mais je ne peux goûter ce plaisir, écrit-il à Edwards le 12 avril 1867, préoccupé et inquiet de l'état de ma mère qui est toujours très

1-2. Lettre à Edwards, du 2 juillet 1866.

malade; » ou encore, deux grands mois plus tard, le 25 juin, lorsque le succès du *Portrait de Manet* à l'Exposition lui eut fait venir des commandes, trois portraits qu'il peignait simultanément, d'où trois séances par jour : « Je rentre dîner, n'en pouvant plus; je relaye mon père, je prends sa place auprès de ma mère, passant la nuit auprès d'elle. Oh! moi qui me croyais autrefois dans une vie dure, je vois la vie aujourd'hui. Je veux en partir maintenant; je suis au bout de mon courage, je n'en puis plus. » Quatre mois après le fatal événement, il n'avait pas encore repris le dessus et écrivait à la date du 25 novembre : « La perte de ma mère me laisse un vide atroce. C'était pour moi une espérance continuelle de lui montrer son fils réussissant; j'aurais tant désiré lui procurer une vieillesse plus heureuse que le commencement de sa vie, et puis rien! Oh! voyez-vous, c'est la plus grande douleur que l'on puisse avoir. Je ne m'en suis pas encore ressenti autant que maintenant et chaque jour ce sont des regrets constants. Au retour, ces jours-ci (il revenait du château de Fontenay-Trésigny, où il avait commencé le portrait de Mlle de Biron), quel vide! Que c'est triste de ne pas trouver un accueil, une conversation, de ne pas faire des projets ensemble, de ne pas parler de choses à faire, des espérances dans l'avenir! » Combien il dut regretter alors de n'avoir pas mis sur l'heure à exécution le projet qu'il avait formé et communiqué peu auparavant à Edwards de représenter sur la toile toute sa famille : père, mère, sœur — et lui-même, sans doute, avec eux!

Tel il était pour sa famille, tel il était pour ses amis : peu communicatif, peu expansif, mais très attaché quand même. A la façon dont il parle d'eux dans ses lettres, par exemple de Legros lorsque celui-ci se brouille presque avec Fantin parce que, installé à Londres et y ayant fait toute sa carrière, il ne peut pas admettre que l'amitié de Fantin se partage entre Whistler et lui-même; à la joie que Fantin manifeste, lui qui est si triste et se sent si seul à Paris, en apprenant le prochain retour de Scholderer et aux craintes qu'il exprime de le trouver changé ou différent de ce qu'il le voudrait voir; à l'empressement qu'il met à annoncer le double succès remporté au Salon de 1868 par Legros, dont il ne peut d'ailleurs rien tirer quand il ne lui parle pas de lui-même, et par Manet, qui a envoyé là un très bon portrait de Zola, « son meilleur et le meilleur aussi du Salon tout entier », il est facile de voir que ce garçon-là ne fait bon marché ni de ses opinions ni de ses amitiés et qu'il leur demeure fidèle, alors que certains de ses amis paraissent s'écarter de lui et le laissent continuer seul dans la vie. « Au départ, on est jeune, heureux; des amis autour de soi, puis l'on marche et l'on se quitte sur la route. Adieu! adieu! dit-on de temps en temps, puis on est seul; heureux quand on a encore l'Art. Sans quoi, il n'y aurait plus que le repos éternel comme espoir[1]. »

1. Lettre à Edwards, du 26 février 1866.

RÊVERIE (Mme LÉON MAÎTRE

1884.

14 Sept. 92

Buré
par le Merlerault
Orne

Mon cher Gillien

Nous vous remercions
de vos deux cartes
et du Journal que nous
avons reçu hier.
Vous avez fait un
bien beau voyage !
Il me semble que Bayreuth
n'est pas aussi brillant.
Dans les journaux d'ici
il n'est guère question
les mauvais chanteurs

et le public de genre
ont je crois dégoûté
les artistes. Les Wagner
ne seront pas contents
de vous! la jeune Siegfried
qui entre en scène avec
des cloches sans mesure
et réussi ——
Comment Vittel vous
a-t-il plu, en avez
vous senti de bons effets?
Le Voyage ne vous a-t-il
pas fatigué.
Qu'est-ce que c'est que
le Choléra à Paris, est-
ce sérieux? Nous nous
demandons s'il faut

rentrer ou attendre ?
Avez vous souffert de
la chaleur ; c'était bien
atroce, même ici.
Viardot nous a écrit
deux fois de lettres
amy. gaies. espérons
que Lamalou va lui
faire du bien.
Le fidèle Médiard comme
dit maître est bien
content de vous —
Je pense à l'heure qu'il
est que le Catalogue a
paru —
Je crois que Sagot en
est l'éditeur.

Vous êtes heureux à
Paris d'entendre les Troyens
nous voudrions bien pouvoir
les entendre à notre retour
Oh! le départ d'Enée...
Ici nous lisons les deux
Volumes de la Correspondance
de Schumann, c'est bien
caractéristique —
Comme Musique nous
passons de la Donna del
Lago (un chef d'œuvre) à Semiramide
et de la Gazza Ladra à
Mosè (autre chef d'œuvre) enfin
nous ne sommes pas du tout
du dernier bateau ——
Si la santé publique le
permet nous serons à Paris
dans les premiers jours d'octobre
Compliments et Amitiés
de nous tous, H. Fantin

MANFRED : APPARITION D'ASTARTÉ

Lithographie originale (1881).

Et quelle chaleur n'avait-il pas mise précédemment à défendre Manet, tant que celui-ci était repoussé par des juges qui le condamnaient sans même avoir vu ses tableaux! « Il a été refusé de parti pris, écrivait-il à Edwards en avril 1866. Depuis l'année dernière, on disait qu'il serait refusé. Ils ont eu le courage de le faire, cela produit un grand effet ici, on ne parle que de cela. Ils lui font, en voulant lui nuire, le plus grand bien : le voilà martyr... J'ai été très satisfait de sa tenue : sur le moment, il a eu un mouvement de colère, puis a repris le calme de celui qui est fort et il est en train de commencer un autre tableau. Malgré le peu de succès que la peinture vraie a dans ce temps-ci, elle est en marche et bien près du moment où on l'admettra. La conduite du jury est si injuste qu'il y a une réaction, même parmi nos ennemis : on trouve cela trop dur[1]. »

Mais celui de tous ses amis qui le surprenait et le charmait le plus, c'était ce volage et fringant Whistler qui lui

---

1. Enfin, beaucoup plus tard, après la mort de Manet : « Vous avez vu les résultats de la vente Manet, écrira-t-il à Mme Edwards le 11 février 1884. Je crains que l'on n'ait exagéré les prix des tableaux, ce qui fait que l'on a trop racheté en ne voulant par les vendre à bon marché. Quelle déplorable idée de croire que la bonne peinture peut se vendre cher, comme la mauvaise! » — Dans la lettre reproduite ci-contre (p. 169-172), Fantin, selon un système qu'il avait adopté par manière de taquinerie, exagère visiblement son admiration pour Rossini en affectant de mettre indistinctement tous ses opéras, même *Zelmira* et *Ricciardo e Zoraïde*, au rang des chefs-d'œuvre absolus. Le catalogue dont il parle était celui de ses lithographies, dressé par Germain Hédiard, précédé d'une étude générale sur son œuvre lithographique et accompagné de deux lithographies originales (son portrait à l'âge de dix-sept ans et *Vénus et l'Amour*) et publié effectivement « chez Edmond Sagot, libraire, marchand d'estampes, 18, rue Guénégaud, 1892 ».

avait donné, c'est vrai, de très nombreuses marques d'affection et l'avait chaudement soutenu en Angleterre, mais qu'il pouvait difficilement saisir, à qui il ne se lassait pas d'écrire sans recevoir de réponse régulière et de qui il disait à Edwards : « Cela me ferait un grand plaisir de le revoir, et je peux dire maintenant que son silence m'a fait bien de la peine, car Whistler est pour moi comme une femme, comme une maîtresse que l'on aime, malgré tous les ennuis qu'elle vous donne. J'ai bien peu d'affection pour les femmes, je n'ai jamais rien fait pour elles; elles me font peur et je ne les comprends pas ; mais au fond, tout au fond, je sens que si j'étais aimé, je serais l'esclave le plus soumis et serais peut-être capable de toutes les plus grandes folies. Je sens que c'est la même chose pour Whistler : s'il savait comme il pourrait avoir un ami dévoué et aimant en moi. Malgré tout, il est séduisant[1]... «

Mais qu'il se retrouve tout à coup en face de cet inconstant ami, et tout aussitôt les dissemblances de leurs deux natures éclatent à ses yeux et le rendent presque dur pour celui qu'il souhaitait tant de revoir : « J'ai trouvé Whistler très Américain, très aimable; mais, moi, pas trop aimable. Je sens que nos beaux jours sont passés. Offres de service, voulant m'emmener chez lui; mais je ne pouvais pas : ma copie à finir. Je me reproche de n'être pas plus aimable avec lui car il est toujours très bien pour moi, et, je le sens, il m'est bien utile depuis que je le connais : chez les Grecs, son

1. Lettre du 2 juillet 1866.

absence s'est fait sentir[1]. Il croit trop à l'argent, à l'habit, au bruit, pas assez au bien, qui est le seul moyen de parvenir. C'est long, c'est vrai, et c'est pénible : il faut travailler, mais quelle belle occupation, un travail intéressant et le prix de ce travail si captivant! le Capitole! Couronnes! Gloire[2]!... » Ils ne rompirent jamais, c'est vrai, mais combien leurs relations se relâcheront, surtout après que Whistler se sera marié! Et la dernière fois qu'ils se rencontrèrent, à l'Exposition centennale de 1900, comme ils passaient devant *la Famille D...* : « Dis donc, s'écria joyeusement Whistler; et toi qui me plaisantais sur le portrait de ma mère? — Oh! repartit Fantin de son air le plus doux, ce n'est que ma belle-mère. »

Certes, Fantin, à la différence de Whistler, n'était pas un remuant, pour ne pas dire plus, et ne « croyait pas à l'habit »; il n'était l'homme ni des grandes phrases ni des grands éclats de voix, et on se le représente mal autrement qu'écoutant, fumant et buvant — oh! très peu — dans ces réunions de café auxquelles il se rendait pourtant régulièrement, afin d'y récolter quelques nouvelles d'art, mais dont le ton général déplaisait à sa nature silencieuse et renfermée. C'est au café de Bade, où il s'arrêtait tous les jours, avant le dîner, en remontant du Louvre vers la rue Saint-Lazare, qu'il avait fait la connaissance de Maître, lequel venait là de son côté avec un ami très original, nommé Fioupou, sous-chef au Ministère des Finances et grand collectionneur d'estampes, une

---

1. Chez les Grecs, c'est-à-dire dans la colonie grecque de Londres où Whistler lui avait fait vendre plusieurs tableaux.

2. Lettre à Edwards, du 2 janvier 1867.

sorte de personnage hoffmannesque dont les saillies amères et les boutades paradoxales, lancées à haute voix, faisaient la joie des habitués, comme Legros, Zacharie Astruc, Cordier, Whistler, etc. C'est encore là qu'il connut le peintre Bazille, ami personnel de Maître, également passionné pour la peinture et la musique et qui, certain soir, comme on le priait de ne pas jouer de piano avec ce dernier pour cause de mort dans la maison, prit ses cahiers de musique et entraîna toute la compagnie de la rue Taranne aux Batignolles, pour continuer la séance qui venait d'être interrompue. Et Fantin n'avait pas été le moins ardent à faire ce petit voyage, afin de ne pas perdre une note des morceaux qu'il s'était promis d'entendre.

CHAMPIGNON DES BOIS

Caricature de Stop, d'après le portrait de Mlle S. Y. (*Journal amusant*, 4 mai 1890).

Au café, il semblerait, d'après quelques passages des lettres de Whistler, que celui-ci et Fantin dussent principalement causer ensemble, en se tenant un peu à l'écart de leurs camarades, sans doute en raison de l'affection réciproque que Whistler affirmait en ces termes : « Nous sommes nécessaires l'un à l'autre pour ce véritable échange de sympathie que nous ne pouvons pas trouver avec d'autres. » Et c'est ce qui fait que, de Londres, il revient volontiers sur ces causeries de café, qu'il demande des nouvelles et fait à Fantin d'amusantes recommandations du genre de celle-ci : « Maintenant, voici

PORTRAIT DE Mlle SONIA YANOWSKI

Salon de 1890. — A Mme de Nikanoff.

ce que tu vas propager partout avec toute la finesse de gredin
que tu sauras parfaitement y mettre, car nous nous connaissons
dignes l'un de l'autre. J'ai reçu la médaille d'or de la Hollande.
Tu glisseras ceci au commandant (le commandant Lejosne,
parent de Bazille) au café de Bade, de sorte que les autres
puissent l'entendre et que ça vienne naturellement à se savoir
partout... »

Après le café de Bade, ce fut au café Guerbois, avenue de
Clichy, que nos jeunes gens, déjà plus mûrs, tinrent leurs
assises, probablement parce que Manet, Zola, Monet, Bazille,
Renoir, etc., demeuraient dans ces parages et formaient ce
qu'on appelait alors l'école des Batignolles. Mais ces réunions
du soir, auxquelles Fantin ne manqua guère tant qu'il demeura
dans le quartier de la Chaussée-d'Antin, le virent de moins en
moins lorsqu'il fut revenu sur la rive gauche, et c'est alors,
tout de suite après la guerre, que, sans pousser si loin, il
passait presque toutes ses soirées à nous entendre pianoter,
Maître et moi, sur le même instrument, dans la même pièce
où s'escrimait auparavant le pauvre Bazille qui s'était engagé
dans les zouaves et avait été tué à la bataille de Beaune-la-
Rolande : la rue Taranne l'attirait beaucoup plus.

Du reste, ces réunions de café n'avaient jamais eu pour
Fantin qu'un attrait bien relatif. C'était en quelque sorte
une obligation du métier que de s'y rendre et d'y entendre
Courbet pérorer de sa grosse voix, avec violence, ou Manet
y fulminer contre les membres du jury officiel; mais lui-
même se morigénait en s'appelant : « Paresseux, coureur de
café ! », se plaisantait sur le premier verre d'absinthe qu'il

avait bu, le premier et le dernier, pensait-il, et, qu'il se trouvât là ou bien à certain banquet des Aqua-fortistes dont il avait eu un instant l'idée de faire un tableau, il éprouvait la même impression qui n'avait rien d'agréable. «... Au moment du café et du champagne, écrit-il à Edwards le 2 janvier 1864, on a commencé à faire de mauvaises charges d'atelier, absurdes; nous sommes alors partis, quelques-uns. Ah! toujours les masses stupides!.. Est-on malheureux de n'avoir rien comme société! Pas de réunions potables; même au café de Bade, je me déplais. C'est de mauvais goût; on y est bête. Que voulez-vous? mais je ne peux pas dire autrement. J'en sors toujours dégoûté. On n'y dit rien, on ne pense pas, ce ne sont pas des artistes. Des cancans, c'est là tout. Le seul intérêt, c'est quelques nouvelles artistiques. » Comme on comprend qu'il ait vite renoncé à traverser tout Paris le soir, après son dîner, pour se retrouver au milieu de camarades dont il goûtait de moins en moins les propos décousus, sans portée, et les plaisanteries sans sel !

Fantin n'était pas d'un caractère plaintif, comme on pourrait le supposer en le voyant gémir si souvent, dans ses lettres, sur les difficultés auxquelles il se heurte, sur son labeur aussi acharné qu'improductif; mais c'est que de très lourdes charges de famille pesaient sur lui, car il ne cache pas à Edwards, au moment où sa sœur Marie les quitte pour se marier, qu'il était seul pour soutenir son père et sa mère, plus sa sœur Nathalie, toujours malade et internée, et qu'il y avait des moments où il désespérait de pouvoir travailler assez pour répondre à tant de besoins toujours renaissants.

Au surplus, les questions d'argent ne reparaissent que de loin en loin dans sa correspondance, et c'est toujours l'art seul qui le préoccupe; les périodes d'espoir et les crises de découragement qu'il traverse proviennent uniquement de l'état nerveux où le jettent son travail obstiné, ses efforts plus ou moins heureux pour se rapprocher des maîtres qu'il voudrait égaler. Il n'a jamais rien dit de plus vrai que lorsqu'il écrivait dans une de ses premières lettres à Edwards, dès le mois d'octobre 1861 : « En dehors de mon art, je ne peux rien faire, rien dire, et la façon dont je vois l'art de jour en jour m'éloigne de toutes les choses de cette vie, car l'art demande tous les sacrifices, car l'art est en dehors de la vie... »; ou encore, trois ans plus tard, à la date du 16 décembre 1864 : « La vie ne m'est pas bonne; je ne me plais pas quand je suis agité, cela me tue. J'attends que vous me disiez : Vous avez raison; l'atelier et rien d'autre, car tout est là, tout le reste n'est que mensonge, horrible illusion... N'est-ce pas que je vais être libre, heureux? L'art veut l'homme tout entier. A l'œuvre, à l'œuvre! Cela vaut mieux que tout! » Ces maîtres mêmes qu'il aspirait à égaler, ces chers maîtres du musée du Louvre auprès de qui il retrouvait le calme et le bonheur dans le travail, ne lui semblaient-ils pas quelquefois s'animer, lorsqu'il se rapprochait d'eux après quelque absence, et lui parler ainsi : « Te voilà, viens, c'est beau! Nous t'aimerons, nous te consolerons. Tes beaux jours sont passés; mais nous, nous t'en donnerons. L'Art, c'est la vie supportable; l'avenir est à toi; viens dans notre famille[1]!... »

<hr>

1. Lettre à Edwards, du 24 octobre 1864.

Et quelle noble ambition l'agite, car loin de se défendre
d'être ambitieux, il dit qu'il faut l'être, et lui-même l'était,
dit-il, dès le premier jour, avant même de devenir un artiste!
« Projets pour le Salon, esquisses, pensées sérieuses, quand
je me dis que j'ai là dans mes mains, dans mon livre de
croquis, la gloire ou rien. Faire quelque chose de bien, mais
pas de juges! Penser seul à l'art, ne savoir où l'on va, entrer
dans l'inconnu, marcher en avant, puis revenir, prendre à
droite, puis à gauche, puis s'asseoir de fatigue, regarder
tout autour de soi, chercher une lueur à l'horizon, assis
dans la nuit, attendre le lever du soleil : que cet art est difficile, que les appréciations en sont fausses! Et pas de conseils,
pas d'éducation; désapprendre ce que l'on sait! Oh! parfois
j'en perds la tête[1]. » Et comme il sait bien quel chemin il
doit prendre sans tergiverser! « Il faut travailler (ah! à cela
vous ne me direz rien); oui, travailler vraiment, je me suis
aperçu ces jours-ci que quand on veut aller où je veux aller,
le plus haut possible, il faut absolument faire ce travail d'enragé[2]. » Ou bien encore : « Mon cher Edwards, je vous dois
d'avoir compris le travail et le vrai calme qu'il donne.
Je n'ai pas besoin de m'agiter, de parler; je travaille, ce qui
vaut mieux[3]. »

Enfin, quand il s'interrogera un peu plus tard, comme
il pourra à bon droit écrire ceci : « Je récapitule tous mes
efforts, toutes mes préoccupations, ce que j'ai fait pour me

1. Lettre à Edwards, du 26 décembre 1864.
2. Lettre du 21 mars 1865.
3. Lettre du 8 avril 1866.

Dessin tiré d'un album de croquis du peintre, au Musée du Luxembourg.

dégager du faux, mes ardeurs à chercher le vrai. Je pense à
ma conduite ; je ne vois rien de trop fou. Je n'ai derrière
moi rien à effacer. De l'hésitation ? Mais le chemin est si
rude et si peu frayé ; je me suis assis peut-être trop souvent
sur la route pour prendre du repos, mais cela n'a jamais été
que quand je ne voyais plus l'horizon ou que le chemin
était rempli d'obstacles. Je me suis relevé, je veux marcher...
Si je tombais aujourd'hui, qui sait si je me relèverais ? Vous
devez bien me connaître à présent, mais vous ne pouvez pas
encore voir le fond de Fantin. Je suis bien décidé, mais je
suis très faible aussi. J'ai un peu de force nerveuse, mais peu
de force matérielle. J'ai tant de peine pour faire quelque chose,
cela me coûte tant, que sans cesse je suis fatigué. Cela vous
explique mes perpétuelles plaintes[1]. » Et comme, selon lui,
on peut toujours progresser, comme son seul but est de faire
encore mieux, comme « on ne peut rien, dit-il, quant aux
facultés naturelles, mais qu'on peut beaucoup pour réparer ce
qui manque », il supplie encore son ami d'Angleterre de lui
distribuer généreusement la manne réconfortante de ses
conseils[2].

Mais de quel courage et de quelle résolution ne devait-il
pas s'armer pour résister aux assauts réitérés que lui li-
vraient les séductions de la vie de Paris ! Qu'il ait le malheur
de s'abandonner à la flânerie, et tout aussitôt des idées de vivre
follement l'assiègent et ne le lâchent plus : « Les voitures
qui courent au Bois de Boulogne emportent ma pensée. La

1. Lettre à Edwards, du 2 juillet 1866.
2. Lettre du 3 janvier 1867.

rue de la Chaussée-d'Antin que je remonte le soir, au sortir du Louvre et du travail; cette rue si remplie de cette vie parisienne, si gaie, si attirante, me rend triste; je m'ennuie... Je désire tout ici, dans cette vie de Paris : c'est la femme qui passe, c'est le cheval qui court, c'est la voiture qui roule; ce sont toutes ces vanités-là qui m'empêchent de faire mes études, de me mettre à apprendre sérieusement tout ce que je ne sais pas. » Qu'il ait seulement un peu d'argent, qu'il soit libre d'agir à sa guise, et loin de céder à ces tentations mondaines, il y échappera en fuyant très loin et se réfugiera en Italie, dans les bras de la Peinture; il vivra là, dans le pays de Raphaël, de Michel-Ange, de Titien, de Véronèse, une vie douce et calme, en dehors du monde qui lui donne la fièvre et l'empêche de devenir l'artiste qu'il rêverait d'être. Et ce rêve l'enchante; mais, en attendant qu'il le puisse réaliser, il lui faut gagner péniblement sa vie et remonter tristement sur son balcon de la rue de Londres, où il s'assoit et fume toute la soirée, au milieu des idées noires qui l'assaillent et jusqu'à ce qu'il cherche un repos momentané dans le sommeil. Quant au repos complet, au calme définitif, il sait qu'il ne le trouvera que dans le travail, le jour où, fermant l'oreille à tous les bruits de la ville, il se cloîtrera presque dans son atelier et entrera en quelque sorte en religion artistique. Et c'est ce qu'il décida de faire — irrévocablement — à deux ou trois reprises : plus de musique, plus de distractions, plus de réunions au café, plus rien de la vie ni des bruits du dehors : « Frères, il faut travailler[1] ! »

1. Lettres à Edwards, du 3 février et du 21 août 1865.

Ce qui frappe dans les lettres où Fantin ouvre son cœur et parle d'abondance à Edwards, c'est comment, sans aucune recherche et même sans style, au moyen de courtes phrases, de notes très brèves qu'il jette sur le papier comme il jetterait des touches de peinture sur une toile, il arrive à donner l'impression très nette de ce qu'il sent, de ce qu'il veut dire et comment, en le lisant, on croirait l'entendre causer, coupant ses phrases et répétant ses mots comme il avait l'habitude de le faire. Et n'arrive-t-il pas, de la sorte, à de véritables effets de vigueur, particulièrement dans une page où, tout irrité de la sévérité des juges officiels, qu'il faut bien subir, mais sans les reconnaître, il explique par quelle force résultant de leur nombre et de leur union, ses amis et lui, les refusés d'il y a deux ans, ont pu arriver à se faire admettre, à forcer les résistances aveugles du jury, mais comment, d'autres, plus jeunes et moins forts, payent pour eux ?

« ... Ce n'est que par peur, on peut le dire, que nous (Manet, Whistler et lui-même) avons été reçus. Voyez-vous : tout est dans la camaraderie pour le jury — ou bien quand, grâce à des incidents particuliers, on force les portes comme nous, ici, nous le faisons. En 1863, nous étions quelques-uns à exposer. On nous refuse. Nous étions plusieurs ; alors la plainte est forte. On expose les refusés ; le public (c'est-à-dire l'ensemble de toutes les opinions) parle. Cela se résume en : « Eh bien ! mais il y a des capacités là dedans ! » Ceci, à par-

tir de ce moment, a été pour nous un laissez-passer. Tenez,
mon cher Edwards, laissez-moi vous faire un petit tableau de
ce que c'est que les jugements artistiques. Point de départ :
Des peintres de talent; des idées dans la tête de quelques-uns
seulement; les autres, la foule, suit. Cette foule qui suit ne
comprend rien; elle imite, copie, surtout les défauts : on ne
peut pas copier les qualités, sans les posséder, en germe au
moins. Viennent alors des gens nouveaux qui sont frappés
surtout des défauts, qui cherchent autre chose; voilà l'idée
qui naît dans la tête d'un homme; autour de soi on en voit
d'autres qui se rencontrent; on se dit : « Cela est vrai; on a
tort de faire ainsi; on devrait faire comme cela. » Dans les
premiers temps, on expose, on est refusé. Ce n'est pas assez
bien; cela n'est pas assez différent, cela a encore du rapport
avec les choses que tout le monde fait. On se groupe, on crie,
on travaille, on est plus nombreux, on vous laisse passer.
Alors, on se rencontre, on en voit qui font aussi comme ce
que vous aimez, on se connaît, on se sent entouré, on a plus
d'audace. Voilà ce que j'ai tant aimé, moi : c'était ce moment-là.
J'ai cru que cela pourrait durer. Là était mon erreur, mais
enfin cela dément cette réputation de méchant qui grandit
chaque jour, maintenant. Non, j'étais artiste avant tout. Maintenant que les hommes m'ont montré mon don-quichottisme
artistique, je deviens comme eux. Je reviens au moment où
l'on était plein d'ardeur, à cette année 1863, où l'on nous
exposa, refusés. Depuis, quelques noms font rugir les jurés;
vous ne pouvez pas vous imaginer quelle est leur colère. Et
puis ils disent : « Nous les recevons pour les punir, pour que

PORTRAITS, OU DANS L'ATELIER, OU LA LEÇON DE DESSIN

Salon de 1879. — Musée de Bruxelles.

le public en fasse justice. » A présent, vous, vous payez pour nous. On se venge certainement sur vous. Ils se disent : « Comment! en voilà encore d'autres? Refusés! refusés[1]! »

Et l'année suivante, il revient encore sur ce sujet pour consoler Edwards du refus des deux tableaux qu'il avait envoyés et qui n'avaient pas eu plus de succès que ses envois de l'année précédente; mais cette fois-ci ce n'est plus du passé que parle Fantin, c'est de l'avenir, de l'avenir en ce qui regarde la peinture en général comme en ce qui le regarde, lui particulièrement, et sur ces deux points, il montre une clairvoyance extrême, il perçoit avec une netteté sans égale à la fois le sens dans lequel évoluera la peinture et à la suite de quels changements il arrivera lui-même à gagner la faveur du public. Dans un temps, dit-il, où l'on commence à chercher le simple et le vrai, le jury, qui n'attache aucune valeur à la recherche de la vérité, n'a plus de raison d'être : « Il n'est plus en harmonie avec notre époque qui est pleine de tentatives et de recherches originales. Je crois même que le temps est passé des écoles et des mouvements artistiques. Après le mouvement romantique, né de l'exagération classique; après le mouvement réaliste, issu des folies du romantisme, on s'aperçoit que dans toutes ces idées il y a de grandes bêtises. Nous allons arriver à la façon personnelle de sentir. Un homme, devant la nature, l'aime à de certaines heures, aime de certains objets, est frappé de la puissance de la nature, de sa finesse, etc. Cela est certainement ce que l'on voit dans les

1. Lettre à Edwards, du 14 avril 1865.

beaux moments de l'art. Allez, quoi qu'en dise Legros, Paris est bien éveillé. Ce que l'on y dit, discute, espère ou tente nous promet un temps très heureux dans l'avenir. Que je regrette de n'être pas tout à fait un débutant, de ne pas pouvoir avoir la naïveté première! Je vais travailler au *vrai-vrai*[1]. » Puis, moins de deux mois après : « Je suis très satisfait que mes natures mortes vous fassent cet effet que ce n'était pas changé et que cela vous paraisse naturel. Je crois bien que je n'ai qu'à attendre le moment où l'on viendra au naturel comme à ce qui est le plus difficile et le plus méritant. Je crois qu'il y a dans mes natures mortes bien des choses que le public n'apprécie pas parce qu'il est mal élevé : on ne sait pas combien cela est difficile à faire. Vous me dites : « Vous faites cela et vous êtes triste. » Vous comprenez maintenant : c'est prétentieux et bête de se dire incompris; mais que voulez-vous? j'ai beau me dire cela, je ne peux faire autrement quand je vois le goût du jour et les choses que l'on trouve bien[2]. »

L'heure qu'il attendait finit par arriver, celle où l'on goûta surtout le naturel : il recueillit alors la récompense de sa persévérance et de sa fermeté de convictions par des compliments bien doux à son oreille; mais sans attendre jusqu'à ce moment-là, est-ce que les témoignages d'estime les plus flatteurs ne lui étaient pas venus surtout d'Angleterre, au début comme à la fin de sa carrière? En 1864 déjà, la première fois qu'il eut l'honneur d'être exposé à l'Académie de Londres, il avait

1. Lettre du 14 avril 1866.
2. Lettre du 3 juin 1866.

appris par un mot joyeux de Whistler qu'un académicien que
son ami ne nomme pas s'était écrié : « Les bouquets de Monsieur Fantin sont *ravissants;* je les ai vus tous les deux; ils
sont bien complets! » et l'on devine quelle joie une telle
parole avait dû lui causer. Quelque vingt ans plus tard, lors
du dernier voyage de Fantin en Angleterre, est-ce que Millais,
apprenant par le docteur Blanche que le peintre français était
à Londres, ne lui avait pas aussitôt écrit pour l'inviter à dîner
et le présenter à des confrères d'Angleterre? Est-ce que ce ne
fut pas uniquement son départ, difficile à retarder, qui em-
pêcha le voyageur d'accepter cette invitation, très flatteuse,
mais également embarrassante pour quelqu'un qui ne parlait
pas du tout l'anglais, et la lettre que Fantin écrivit à Millais
pour s'excuser ne marquait-elle pas combien il avait été sensible à cet honneur, en même temps qu'elle témoignait d'une
admiration sincère et de la puissante influence que lui-même
avait subie, dès son premier séjour à Londres, en regardant
les tableaux du maître anglais?

Fantin, on ne saurait trop le répéter, car c'était un des
signes distinctifs de son caractère, avait l'horreur du bruit,
de la réclame, et tout ce qui avait l'apparence d'une manifestation lui répugnait profondément; mais s'il n'avait pas le
verbe haut, s'il n'était ni un grand causeur, ni un bruyant
parleur, il était cependant d'humeur combative et, sans qu'il
attaquât les gens en face, il ne lui déplaisait nullement que
son opinion arrivât aux oreilles des artistes qu'il n'estimait
guère. Aussi combien de fois ne l'a-t-on pas vu, au Salon,
sans en avoir l'air et tout en causant avec ceux qui l'accom-

pagnaient, lancer de ces jugements brefs et caustiques que recueillait l'oreille attentive d'un promeneur quelconque et qui n'étaient pas longs à se colporter, à arriver à leur adresse? Il disait un jour à ses parents qu'il ne pouvait pas ne pas cacher ce qu'il pensait. Soit; toutefois, dans certaines circonstances, et lorsque son art était en jeu, il se faisait au contraire un malin plaisir de laisser deviner son opinion, ce qui n'était peut-être pas le moyen de se faire beaucoup d'amis; mais comme il avait pris le parti de marcher seul dans la vie et qu'il ne sollicitait rien de personne, il éprouvait une jouissance particulière — et combien je le comprends! — à se distinguer de la masse de ses contemporains par l'indépendance du caractère et des jugements. Non qu'il fût méchant, comme il l'écrivait un jour avec une sorte de jactance, car il ne l'était pas du tout; mais parce qu'il entendait ne jamais transiger sur les règles essentielles du beau, sur les conditions vitales de l'art auquel il s'était consacré; parce qu'il était, en un mot, un des hommes ayant le plus réfléchi et s'étant le plus solidement attachés à leurs convictions.

MADEMOISELLE AURORE
DANS LA DANSE DE LOÏE FULLER

Caricature de Stop, d'après l'Aurore
(Journal amusant. 5 mai 1894.)

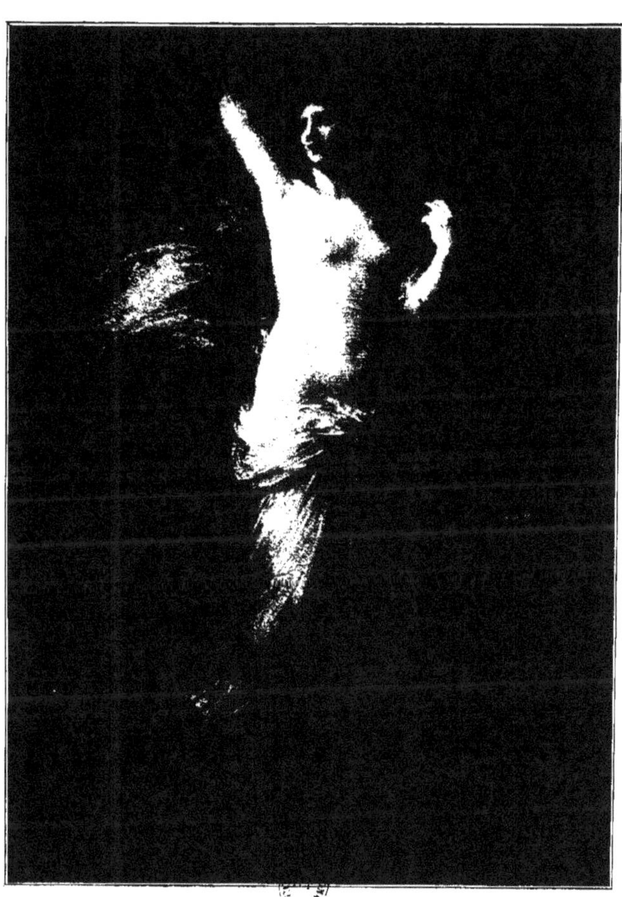

L'AURORE

Salon de 1894.

Un des artistes les plus fermement convaincus; oui, mais aussi l'un des moins bruyants, l'un des moins préoccupés d'attirer l'attention de la galerie. Et combien il était loin de sa pensée de chercher à se singulariser, à conquérir un lustre particulier, comme de bonnes langues l'auraient volontiers insinué, lorsqu'il cherchait et trouvait une très riche source d'inspirations dans les créations maîtresses de la littérature et de l'art musical! En effet, si Fantin, qui prisait fort les chefs-d'œuvre littéraires les plus divers et qui aimait passionnément la musique, avait des préférences et des antipathies très marquées; s'il les traduisait par le crayon comme un autre aurait pu le faire par la plume, c'était uniquement pour sa satisfaction personnelle : combien il s'en fallait qu'il voulût mettre ainsi le public dans la confidence de ses opinions!

Avec l'âge, cet éloignement instinctif de Fantin pour tout ce qui sentait la réclame ou la représentation, cette répugnance à se mettre en avant, à se dévoiler au public autrement que par les manifestations courantes de son labeur d'artiste, n'avaient fait que croître à mesure qu'il s'absorbait davantage dans son travail solitaire, ne traçant aucune limite à son art, n'acceptant de règle de personne, et se délectant dans des jouissances littéraires et musicales, très vives, mais très intimes, qu'il aurait cru profaner en les criant à la foule. Comme cet ermite de la rue des Beaux-Arts devait se sentir loin des deux amis, avec lesquels il avait combattu dès son entrée dans la carrière, et combien le tapage que ceux-ci avaient toujours entretenu autour de leurs personnes et de leurs œuvres était fait pour le choquer! Qu'il était différent d'un Manet qui, non content d'être aussi célèbre que Garibaldi, comme des flatteurs le lui disaient en riant, rêvait d'une gloire encore plus retentissante et souhaitait que nulle cérémonie mondaine, à Paris, n'eût lieu sans que sa présence y fût signalée! Qu'il était éloigné d'un Whistler qui se connaissait bien et se qualifiait en termes des plus libres lorsqu'il voulait caractériser sa façon d'agir avec le monde, soit qu'il prît de petites mines boudeuses, soit qu'il prodiguât les cajoleries et les sourires! Quel contraste entre ces remuants, ces agités, ces bruyants et cet isolé volontaire, qui, selon l'heureuse image de **M. Roger Marx**, restait sourd aux vains bruits du dehors afin de mieux entendre la voix de l'inspiration, cette voix qui lui disait qu'il n'était pas seulement le peintre de la réalité vivante, mais aussi celui du rêve, un évocateur, un poète, à la façon des maîtres dont la musique ou les vers chantaient à son oreille et résonnaient dans son cœur!

Telle fut donc l'origine de cette admirable série de lithographies, grandes et petites, qui atteignent presque à deux cents et dont la plupart tendaient, de son propre élan ou sur la demande de quelque ami, à glorifier les écrivains, les poètes, surtout les musiciens qu'il aimait le mieux. C'était sa manière, à lui, de rendre hommage à ses auteurs préférés, par des compositions lithographiques qu'il faisait tirer pour lui-même et distribuait ensuite à ceux qu'elles pouvaient intéresser : c'était parce qu'il admirait profondément Hugo, Stendhal et Delacroix qu'il éprouvait le besoin de les célébrer à sa façon; c'était parce que Berlioz, Wagner, Schumann et Brahms l'avaient maintes fois enchanté qu'il leur consacrait tant de lithographies d'une poésie enchanteresse; enfin, c'était parce qu'il goûtait infiniment André Chénier qu'il acceptait sur le tard de faire, pour une édition des œuvres du poète, toute une série de dessins sur pierre semblables à ceux qu'il avait déjà composés pour de grandes publications sur Richard Wagner et sur Hector Berlioz.

Parmi ces lithographies, il en reprit plusieurs par la suite afin de les traiter soit à l'huile, soit au pastel; mais une seule fois, ne l'oublions pas, il fit usage de ses pinceaux pour consacrer une grande toile à la glorification d'un des maîtres de la musique. C'est en 1875, dans la joie de voir enfin le nom de Berlioz rayonner au ciel de l'art, qu'il composa ce grand tableau : *l'Anniversaire*, que je me rappelle avoir vu accroché aux frises du Palais de l'Industrie, qui fut reproduit cent fois dans tous les formats par la gravure ou la photographie, que le peintre garda tristement chez lui pendant des années, et qui figure aujourd'hui en très belle place au musée de Grenoble. L'histoire de ce tableau sera sûrement celle de beaucoup d'autres du maître — « Voyez, admirez ma conduite, écrivait-il un jour en riant; je crois qu'elle sera proposée à l'admiration de l'avenir quand on racontera que j'ai mis *trente ans* à attendre l'acheteur[1] » — et ses compositions capitales, celles dont les amateurs et les marchands se souciaient peu quand elles virent le jour, sont aujourd'hui presque toutes en France, chez des amis ou des amateurs qui ne les laisseront sûrement pas s'égarer. C'était une satisfaction des

1. Lettre à Mme Edwards, du 29 mars 1894.

plus vives pour le peintre, à la fin de sa vie, de savoir que ses grandes toiles composées, je ne dirai pas à l'imitation, mais dans l'esprit de Rembrandt, de Van der Helst et de Franz Hals, étaient toutes réunies à Paris, non loin du Louvre.

Ce maître-là s'en est allé, comme tant d'autres, à l'heure où la fortune et la vogue commençaient à lui venir, mais comme il n'avait jamais cherché ni l'une ni l'autre, il n'était pas en peine de les voir arriver, et l'on peut assurer qu'il mena, durant ses dernières années, une vie particulièrement douce, ayant à ses côtés une compagne bien-aimée qui semblait n'avoir qu'une âme avec lui-même et voyant venir régulièrement chez lui de rares mais fidèles amis, éprouvés de longue date. Il n'en demandait pas davantage et coulait ainsi des jours heureux : la mort aussi lui aura été clémente, puisqu'elle l'a abattu d'un seul coup de sa faux.

BALLET DES TROYENS

Lithographie originale (1893), d'après le tableau : *Danses*, du Salon de 1891, au Musée de Pau.

APPENDICE

CATALOGUE DES TABLEAUX A L'HUILE ET PASTELS

ENVOYÉS PAR FANTIN-LATOUR AUX SALONS DE PARIS
ET DE QUELQUES AUTRES IMPORTANTS DANS SON ŒUVRE

Ceci n'est pas, tant s'en faut, le catalogue complet de l'œuvre peint de Fantin-Latour : c'est simplement la liste de ses principales toiles, à tout le moins de toutes celles, peintures à l'huile ou pastels, qui ont été présentées par lui ou reçues aux Salons de Paris, de 1859 à 1899, augmentées de quelques autres et, en particulier, de tous les portraits dont j'ai pu retrouver la trace. Chaque tableau est mentionné, autant que possible, à l'année où il a été peint, alors même qu'il n'a été exposé à Paris que plus tard ; de plus, lorsqu'une toile a été exposée d'abord comme pastel, puis reprise à l'huile, elle se trouve indiquée naturellement à son année d'origine, celle où elle parut comme pastel. Enfin, j'ai noté le plus exactement que j'ai pu dans quels musées ou chez quelles personnes se trouvent actuellement ces différents tableaux ; mais sur ce point encore je m'excuse pour les erreurs que j'aurais pu commettre ou pour les lacunes que je n'ai pas pu combler.

1853

Petit Portrait de son oncle, Henri Fantin-Latour, père jésuite.

> A Mme Fantin-Latour.

Petit Portrait de lui-même à dix-sept ans (tête).

> A Mme Fantin-Latour.

1854

Portrait de sa sœur Nathalie.

> Détruit.

Saint Jean et le Chasseur.

> A Mme Fantin-Latour.

Le Songe, première esquisse du pastel de 1889 et du tableau à l'huile de 1893.

> A Mme Fantin-Latour.

1856

Portrait de lui-même, de trois quarts, dans un fauteuil, tourné vers la droite.

Portrait de M. Alphonse Legros (petite tête).

1857

Portrait de lui-même.

> A M. Ferdinand Tempelaere.

1858

Portraits de ses deux sœurs assises.

> A M. Julien Tempelaere.

Portrait de lui-même, en corps de chemise, la palette à la main.

> Musée d'Anvers.

Portrait de M. Alphonse Legros (grandeur naturelle).

> A Mᵐᵉ Paul Paix.

Portrait de lui-même, assis, en pied, devant un chevalet.

> Galerie Nationale, à Berlin.

Portrait de lui-même (tête).

> A M. Camille Benoît.

Portrait de lui-même (tête).

> A M. Jean Dolent.

Portrait de lui-même (tête).

> A M. A. Guillemet.

1859

Portrait de sa sœur Marie lisant, refusé au Salon de 1859.

> A M. Gorjeu.

Portrait de lui-même, en corps de chemise, refusé au Salon de 1859.

> Musée de Grenoble.

Portraits de ses sœurs faisant de la tapisserie et lisant, refusé au Salon de 1859.

> A Mᵐᵉ Victor Klotz.

1860

Portrait de lui-même.

> A Mᵐᵉ Victor Klotz.

1861

Étude d'après nature (son propre portrait), Salon de 1861.
> A M. G. Viau.

Étude d'après nature (sa sœur Marie lisant), Salon de 1861.
> A M. Raymond Kœchlin.

Étude d'après nature (portrait de W. Ridley), Salon de 1861.

Petit portrait de lui-même, refusé au Salon de 1861.

Portrait de Mᵐᵉ Edwin Edwards, terminé en 1864.
> Palais des Beaux-Arts de la Ville de Paris.

1862

Portrait de lui-même, refusé au Salon de 1863; exposé au Salon
des Refusés de 1863.
> A M. Darrasse.

1863

La Lecture (portrait de sa sœur Marie), Salon de 1863.
> A M. Guillaume Charlier (Collection Van Cutsem).

Féerie, Salon des Refusés de 1863.
> A M. Ch.-Ed. Haviland.

1864

Hommage à Delacroix, Salon de 1864.
> Musée du Louvre (Collection Moreau-Nélaton).

Scène de Tannhæuser, Salon de 1864.
> A M. Rosenberg.

Portrait de Mᵐᵉ Potter.

PORTRAIT DE Mlle EVA CALLIMAKI-CATARGI

Salon de 1881. — *Stedelijk Museum*, à Amsterdam.

1865

Le Toast, Salon de 1865.

> Détruit. — Restent les têtes de Whistler (Musée Métropolitain, à New-York), de Vollon (à M. Darrasse) et de Fantin (à Mme Fantin-Latour).

1866

Portrait de femme (sa sœur Marie lisant), Salon de 1866.

> Détruit.

Nature morte (*La Table garnie*), Salon de 1866.

> A M. Reginald D.

1867

*Portrait de M. M**** (*Édouard Manet*), Salon de 1867.

> *Art Institute*, à Chicago.

Portrait-étude (son propre portrait), Salon de 1867.

Portrait de la Duchesse Édouard de Fitz-James.

> A M. Beurdeley.

Portrait du jeune Jacques de Fitz-James, fils de la précédente.

> A M. Darrasse.

Portrait du jeune Henri de Fitz-James, frère cadet du précédent.

> A M. Albert Pra.

Portraits séparés des deux jeunes demoiselles de Fitz-James, sœurs des précédents.

1868

Portrait de Mlle Marguerite de Biron, destiné mais non envoyé au Salon de 1868.

> A Mme la Marquise de Saint-Sauveur.

Portrait de Mme de La Panouse.

Portrait de Mme de Chaubry.

Portraits de Mlle Demachy et de son jeune frère.

Portraits des deux Mrs de Bonneval.

1869

Le Lever, Salon de 1869.

> Détruit.

Reflets d'Orient, refusé au Salon de 1869.

> Détruit. — Restent deux fragments : *l'Aurore* et *la Nuit*.

Tête de jeune fille (de face).

> A M. Van Gogh.

Tête de la même jeune fille (profil).

> A Sir Herbert Thompson.

1870

Un Atelier aux Batignolles. Salon de 1870.

> Musée du Luxembourg.

La Lecture (portraits de Mlles Victoria et Charlotte Dubourg), Salon
de 1870.

> A M. Ch.-Ed. Haviland.

Portrait de M. Émile Petitdidier (Émile Blémont) (tête).

> A M. Émile Blémont.

Portrait de M. Petitdidier, frère du précédent (tête).

1872

Un Coin de table, Salon de 1872.

> A M. Émile Blémont.

1873

*Portrait de Mlle**** (*Mlle Victoria Dubourg*), Salon de 1873.

> Musée du Luxembourg.

Coin de table, nature morte, Salon de 1873.

1874

Fleurs et objets divers, Salon de 1874.

1875

*Portraits de M. et Mme E. E**** (*Edwin Edwards*), Salon de 1875.

> *National Gallery*, à Londres.

*Portrait de Mlle E. C**** (*Miss Edith Crowe*), Salon de 1875

> A Mme Paul Paix.

1876

L'Anniversaire, Salon de 1876.

> Musée de Grenoble.

Fleurs (bouquet de dahlias), Salon de 1876.

1877

La Lecture (Mlle Charlotte Dubourg et une amie), Salon de 1877.

> Musée de Lyon.

Portrait de Mme *F*** (M*^{me} *Fantin-Latour)*, Salon de 1877.

> A Mme Fantin-Latour.

Souvenir de Bayreuth : Les Filles du Rhin, pastel, Salon de 1877

> Musée du Luxembourg.

Scène finale de la Walküre, pastel, Salon de 1877.

> Détruit. — L'esquisse peinte est au Musée de Montpellier.

1878

*La Famille D*** (Dubourg)*, Salon de 1878.

> A Mme Fantin-Latour.

Rinaldo, pastel, Salon de 1878; transformé ensuite en peinture.

Duo des Troyens, pastel, Salon de 1878; transformé ensuite en peinture.

1879

Portraits ou *Dans l'Atelier*, ou *La Leçon de dessin* (Mlles Louise Riesener et Éva Callimaki-Catargi), Salon de 1879.

> Musée de Bruxelles.

1880

Portrait de Mlle *L. R*** (M*^{lle} *Louise Riesener)*, Salon de 1880.

> A Mme Léouzon le Duc.

Scène finale du Rheingold, Salon de 1880.

La Musique, pastel, Salon de 1880.

> A M. Sijthoff, de Leyde.

DANSES

1898.

1881

La Brodeuse (Mlle Charlotte Dubourg), Salon de 1881.

> A Mme Esnault-Pelterie

*Portrait de Mlle E. C.-C**** (Mlle *Éva Callimaki-Catargi)*, Salon de 1881.

> *Stedelijk Museum*, à Amsterdam.

Une Mélodie de Schumann, pastel, Salon de 1881.

> A M. Darrasse.

Tentation, pastel, Salon de 1881 ; transformé ensuite en peinture, Exposition universelle décennale de 1889.

> Musée de Grenoble.

1882

*Portrait de Mme H. L**** (Mme *Henry Lerolle)*, Salon de 1882.

> A M. Henry Lerolle.

*Portrait de Mme L. M**** (Mme *Léon Maître)*, Salon de 1882.

> *Art Institute*, à Brooklyn.

Étude (Mlle Charlotte Dubourg), pastel, Salon de 1882.

> A M. Roger Marx.

*Portrait de Mlle C. D**** (Mlle *Charlotte Dubourg)*, Salon de 1887.

> A Mlle Charlotte Dubourg.

1883

Portrait (Mme *Fantin-Latour)*, Salon de 1883.

> Galerie Nationale, à Berlin.

ESQUISSES POUR « AUTOUR DU PIANO » Nᵒˢ 1 ET 2

A M. Adolphe Jullien.

Le Nᵒ 1, croquis jeté sur le papier avant toute séance de pose,
est daté du 26 décembre 1884

ESQUISSES POUR « AUTOUR DU PIANO » Nᵒˢ 3 ET 4

A M. Adolphe Jullien.

Le Nᵒ 4, le troisième des projets faits avec les modèles posant,
a été arrêté à la date du 19 janvier 1885.

L'Aurore, pastel, Salon de 1883; transformé ensuite en peinture, Salon de 1894.

Portrait de lui-même, Salon triennal de 1883.

>   Musée des Offices, à Florence.

L'Etude (Miss Budgett), Salon de 1884.

>   A M. Guillaume Charlier (Collection Van Cutsem).

1884

Nuit de printemps (ou *Le Rêve du poète*), Salon de 1884.

>   Musée de Pau.

L'Anniversaire, pastel, Salon de 1884.

>   A Mme Esnault-Pelterie.

Sara la baigneuse, pastel, Salon de 1884; transformé ensuite en peinture.

*Portrait de Mlle S. B**** (*Miss Sarah Budgett*).

>   A Mme Budgett.

1885

Autour du piano, Salon de 1885 [1].

>   A M. Adolphe Jullien.

---

1. Je donne ci-contre, à titre de documents (p. 202-203 et 207), la série complète des projets pour *Autour du piano* et pour mon portrait, qui m'appartiennent. On pourra vérifier par là combien Fantin, ainsi que je l'ai dit plus haut, concevait vite et réalisait presque sans hésitation ses plus grands tableaux.

NUIT DE PRINTEMPS, OU LE RÊVE DU POÈTE

Salon de 1884. — Musée de Pau.

Rêverie (Mme Léon Maître).

Portrait de Mme Leroy.

1886

Tannhæuser (Le Venusberg), Salon de 1886.

*Portrait de M. L. M*** (Léon Maître)*, Salon de 1886.
> A M. Henry Lerolle.

Siegfried et les Filles du Rhin, pastel, Salon de 1886; transformé
ensuite en peinture, Exposition universelle décennale de 1889.
> A M. Darrasse.

Le Jugement de Paris, pastel, Salon de 1886.
> A M. Coudray.

Portrait de M. Becker.
> A M. Darrasse.

1887

Portrait de M. Adolphe Jullien, Salon de 1887.
> A M. Adolphe Jullien.

Ariane abandonnée, pastel, Salon de 1887.

L'Aurore et la Nuit, pastel, Salon de 1887.

1888

La Damnation de Faust, Salon de 1888.

L'Or du Rhin, Salon de 1888.

> A Mme Esnault-Pelterie.

Béatrice et Bénédict, pastel, Salon de 1888.

> A M. Teutsch.

Danses, pastel, Salon de 1888; transformé ensuite en peinture, Salon de 1891.

> Musée de Pau.

1889

Immortalité, Salon de 1889.

> A M. Andrew Reid.

*Portrait de M. C. R*** (Ricada)*, Salon de 1889.

> A Mme Ricada.

Le Songe, pastel, Salon de 1889; transformé ensuite en peinture, Salon de 1893.

> A M. Bessonneau.

*Portrait de Mme L. G*** (Mme Léopold Gravier)*, Salon de 1890.

> A M. Léopold Gravier.

1890

*Portrait de Mlle S. Y*** (Mlle Sonia Yanowski)*, Salon de 1890.

> A Mme de Nikanoff.

Le Jugement de Paris, pastel, Salon de 1890; transformé ensuite en peinture.

ESQUISSES POUR LE PORTRAIT DE M. ADOLPHE JULLIEN

A M. Adolphe Jullien.

1891

La Tentation de Saint Antoine, Salon de 1891.

A M. Abel Jay, de Bordeaux.

La Vérité, pastel, Salon de 1891.

1892

Hélène, Salon de 1892.

Palais des Beaux-Arts de la Ville de Paris.

Prélude de Lohengrin (Le Graal), Salon de 1892[1].

A M. Ch.-Ed. Haviland.

Évocation de Kundry, pastel, Salon de 1892.

A. M. Ferdinand Dreyfus.

Le Bain, pastel, Salon de 1892.

A M. Ch.-Ed. Haviland.

1893

Parsifal et les Filles-Fleurs, Salon de 1893.

A M. Ch.-Ed. Haviland.

1. Fantin balança longtemps entre ces deux titres avant d'adopter le premier, et voici ce que Maître lui écrivait à ce propos : « Plus j'y rêve et mieux je me persuade que le catalogue doit demeurer purement didactique et se borner, comme c'était votre première idée, à faire connaître la signification du mot : Saint-Graal. Qu'est-ce que le Saint-Graal? C'est le vase sacré où le Sauveur a bu le jour de la Cène et qui recueillit son sang sur la croix; il est rapporté ici-bas par la troupe miraculeuse des Anges pour être confié à la garde de pieux chevaliers qui s'appelleront de son nom. Où le peintre a-t-il puisé directement son interprétation? Dans le prélude de *Lohengrin*. Ces deux points établis qui disent le sens et la genèse de l'œuvre, le livret a rempli son objet : le reste est affaire à l'œuvre elle-même. »

LES TROYENS A CARTHAGE : ITALIE! ITALIE!

Lithographie originale 1884.

L'Amour désarmé, pastel, Salon de 1893.

Baigneuses, pastel, Salon de 1893.

Portrait de Mme Ch.-Ed. Haviland, pastel.

> A Mme Philippe Burty.

1894

L'Aurore, Salon de 1894.

Les Troyens à Carthage, Salon de 1894.

> A M. Ch.-Ed. Haviland.

Musique et Poésie, pastel, Salon de 1894.

> A M. Camus, de Limoges.

Promenade, pastel, Salon de 1894 ; transformé ensuite en peinture
sous le titre de : *Baigneuses*, Salon de 1899.

> A M. Lesieur.

1895

Baigneuses, Salon de 1895.

Vision (d'après *Oberon*), Salon de 1895.

> A M. Kraushaar, de New-York.

La Nuit, pastel, Salon de 1895.

1896

La Toilette, Salon de 1896.

Vénus et les Amours, Salon de 1896.

> A Mme Dubois.

Ondine, pastel, Salon de 1896.

1897

La Nuit, Salon de 1897.

> Musée du Luxembourg.

La Tentation de Saint Antoine, Salon de 1897.

> Palais des Beaux-Arts de la Ville de Paris

1898

Le Lever, Salon de 1898.

> Musée de Reims.

Andromède, Salon de 1898.

> A M. Gorjeu.

Danses.

1899

Ondine, Salon de 1899.

TABLE DES ILLUSTRATIONS

I

ILLUSTRATIONS HORS TEXTE

II

ILLUSTRATIONS DANS LE TEXTE
ET AUTOGRAPHES

TABLE DES MATIÈRES

IMPRIMÉ

PAR

PHILIPPE RENOUARD

19, rue des Saints-Pères

PARIS